高等院校网络教育系列教材

现代远程教育学习概论

XIANDAI YUANCHENG JIAOYU XUEXI GAILUN

（第二版）

应卫勇　刘百祥　主编

U0951925

華東理工大學出版社
EAST CHINA UNIVERSITY OF SCIENCE AND TECHNOLOGY PRESS
·上海·

图书在版编目(CIP)数据

现代远程教育学习概论 / 应卫勇,刘百祥主编. —2 版. —上海:华东理工大学出版社,2016.8（2022.1 重印）

高等院校网络教育系列教材

ISBN 978-7-5628-4732-8

Ⅰ.①现… Ⅱ.①应… ②刘… Ⅲ.①远程教育-学习方法-高等学校-教材 Ⅳ.①G43

中国版本图书馆 CIP 数据核字(2016)第 161698 号

内容提要

本书为华东理工大学现代远程教育的导学教材。全书共分 3 篇。第 1 篇为入门篇,简要介绍现代远程教育的基本概念和特点、国内外远程教育发展概况以及华东理工大学远程教育的现状和特色。第 2 篇为技术篇,特别介绍包括如何上网、收发 E-mail、上传与下载学习资料等远程学习所必需的计算机和网络应用知识。第 3 篇为学习篇,结合华东理工大学远程教育教学平台和教学方针,重点介绍远程教育学习的方法和技能。

本书语言通俗、深入浅出、图文并茂,贴近远程教育学习者的实际,力求解决他们在学习中遇到的各类问题。本书为华东理工大学现代远程教育学生的必读教材,亦可供其他现代远程教育试点高校的远程教育学习者参考。

策划编辑 / 徐知今

责任编辑 / 徐知今

出版发行 / 华东理工大学出版社有限公司

地址:上海市梅陇路 130 号, 200237

电话:021-64250306

网址:www.ecustpress.cn

邮箱:zongbianban@ecust.press.cn

印　　刷 / 广东虎彩云印刷有限公司

开　　本 / 710mm×1000mm　1/16

印　　张 / 11

字　　数 / 175 千字

版　　次 / 2016 年 8 月第 2 版

印　　次 / 2022 年 1 月第 3 次

定　　价 / 32.00 元

版权所有　侵权必究

序

网络教育是依托现代信息技术进行教育资源传播、组织教学的一种崭新形式，它突破了传统教育传递媒介上的局限性，实现了时空有限分离条件下的教与学，拓展了教育活动发生的时空范围。从 1998 年 9 月教育部正式批准清华大学等 4 所高校为国家现代远程教育第一批试点学校以来，我国网络教育历经了若干年发展期，目前全国已有 68 所普通高等学校和中央广播电视大学开展现代远程教育。网络教育的实施大大加快了我国高等教育的大众化进程，使之成为高等教育的一个重要组成部分；随着它的不断发展，也必将对我国终身教育体系的形成和学习型社会的构建起到极其重要的作用。

华东理工大学是国家“211 工程”重点建设高校，是教育部批准成立的现代远程教育试点院校之一。华东理工大学网络教育学院凭借其优质的教育教学资源、良好的师资条件和社会声望，自创建以来得到了迅速的发展。但网络教育作为一种不同于传统教育的新型教育组织形式，如何有效地实现教育资源的传递，进一步提高教育教学效果，认真探索其内在的规律，是摆在我们面前的一个新的、亟待解决的课题。为此，我们与华东理工大学出版社合作，组织了一批多年来从事网络教育课程教学的教师，结合网络教育学习方式，陆续编撰出版一批包括图书、课程光盘等在内的远程教育系列教材，以期逐步建立以学科为先导的、适合网络教育学生使用的教材结构体系。

掌握学科领域的基本知识和技能，把握学科的基本知识结构，培养学生在实践中独立发现问题和解决问题的能力是我们组织教材编写的一个主要目的。系列教材包括了计算机应用基础、大学英语等全国统考科目，也涉及管理、法学、国际贸易、机械、化工等多学科领域。

根据网络教育学习方式的特点编写教材，既是网络教育得以持续健康发展的基础，也是一次全新的尝试。本套教材的编写凝聚了华东理工大学众多在学科研究和网络教育领域中有丰富实践经验的教师、教学策划人员的心血，希望它的出版能对广大网络教育学习者进一步提高学习效率予以帮助和启迪。

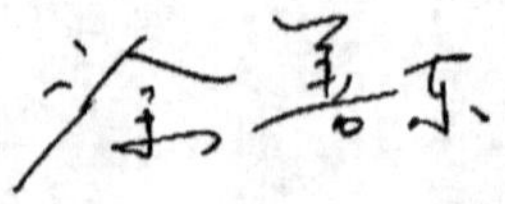

前　言

随着计算机网络、多媒体技术的飞速发展，现代远程教育作为一种新型的教育形式，已经逐渐成为我国高等教育和继续教育不可缺少的组成部分。

与传统的教育形式不同，远程教育以开发教学产品、通过网络实时直播或在线自主学习的方式实现教学的目的。由于远程教育教与学的过程相对分离的现实，使得教育的理念、教育过程、教育方式都产生了巨大的变革。

作为教育部批准举办现代远程教育的试点高校之一，多年来，华东理工大学根据远程教育学生工学矛盾突出的特点，深入研究、不断实践，在教学内容、教学过程、技术手段、支持服务、管理机制等方面实行一系列改革，构建了具有本校特色的现代远程教育体系。

为了帮助广大接受现代远程教育的学员顺利实现由传统学习观念和方法向远程学习观念和方法的转变，我们特别组织了多年来一直负责远程教育导学工作的老师编写了本书，作为接受华东理工大学网络教育的学员必读的入门教材。

全书共分 3 篇。第 1 篇为入门篇，简要介绍现代远程教育的基本概念和特点、国内外远程教育发展概况以及华东理工大学远程教育的现状和特色。第 2 篇为技术篇，特别介绍包括如何上网、收发 E-mail、上传与下载学习资料等远程学习所必需的计算机和网络应用知识。第 3 篇为方法篇，结合华东理工大学远程教育教学平台和教学方针，重点介绍远程学习的方法和技能。

本书前一版出版以来，对帮助广大学员了解现代远程教育，尽快适应这种新型的教育形式起到了很好的作用。考虑到近几年来我院在教学改革、教学资源和管理平台建设等方面取得了新的进展，一些教学手段及平台操作流程都有更新,在此次出版时我们组织相关人员对书中部分内容作了较大修订。

全书由应卫勇、刘百祥主编。参加编写的人员(按章序)有:刘百祥(第1—3章)、徐鹏(第4章,第5章)、万浩(第6章,第7章)、孙莹(第8章、第9章、第11章)、康小燕(第9章第5节、第10章第1节)、张宝凤(第10章第2节、第12章)。刘百祥对全书进行了统稿,程华审阅了部分章节。

本书在编写中,参考了兄弟院校有关教材,在此表示感谢。

限于编者水平,书中难免存在错漏之处,敬请广大读者继续予以关心和支持,并提出宝贵意见和建议。

编者

2016.6

目　录

第1篇　入门篇

第2篇　技术篇

第1章

现代远程教育的概念

1.1 什么是现代远程教育

中文“远程教育”一词源于英语“Distance Education”，这一术语的正式出现大约可以追溯到20世纪50年代初澳大利亚新英格兰大学在其成立的特许状中的条款，以及前民主德国政府批准其管辖下的53所高校中的至少20所提供的Distance Education文件。最早对这一概念进行描述的是德国图宾根远距离教育研究所的多赫曼。远程教育的定义是什么？它有哪些要素和特征呢？在很长一段时间，专家们有各种不同的观点和表述。一直到20世纪后期远程教育达到相当成熟的水平，国际上对它的定义才逐渐有了基本的共识。目前比较公认的有著名的爱尔兰国际远程教育家德斯蒙德·基根(Desmond Keegan)在20世纪90年代初提出的定义和亚洲开放大学协会的定义。

基根的定义指出，远程教育是一种具有以下特征的教育形式：

(1) 在整个学习过程期间，教师和学生处于相对分离状态(这使它区别于传统的面授教育)；

(2) 教育组织通过教学规划、学习材料准备和对学生支持服务对学生学习产生影响(这使它区别于个人学习和自我教育项目)；

(3) 技术媒体，如印刷媒体、视听媒体或计算机媒体的使用，把教师与学生联系起来并成为课程内容的载体；

(4) 提供双向通信，使学生可以主动对话并从对话中受益(这使它区别于教育技术的其他使用方式)；

(5) 在整个学习过程中,学生与学习集体也处于相对分离状态,学生通常是接受个别化学习而不是集体教学,但不排除为了教学和社会目的组织必要的集体面授交流。

亚洲开放大学协会的定义是:远程教育是指学生与教师、学生与教育组织之间采用多媒体手段进行系统教学和通信联系的教育形式。这一定义自 1987 年确立以来沿用至今,同样包含了远程教育的上述五个要素和特征。

我国对远程教育概念的定义及其阐述是从国外引进开始的。首都师范大学教授丁兴富 1988 年在《远距离高等教育学导论》一书中给出了远程教育的五项描述性定义:

(1) 学生和教师在时间和空间上处于分离状态;

(2) 以现代教育技术为基础的媒体教学占主导地位;

(3) 有组织的系统工程;

(4) 自学为主,助学为辅;

(5) 在学生和教师之间存在某种形式的双向通信和反馈机制。

该定义明显保留了基根定义的基本特征。

那么,什么是现代远程教育呢?学者们一般认为,远程教育的发展经历了三个时期,即函授教育—广播电视教育—现代远程教育。以邮政通信和印刷技术为技术基础的函授教育称为第一代远程教育;在函授教育基础上增加广播电视等大众媒体,录像、录音、计算机等个人媒体的远程教育称为第二代远程教育;在广播电视教育的基础上增加计算机网络、多媒体、卫星通信等技术手段的远程教育称为第三代远程教育。

现代远程教育也称网络教育,即指第三代远程教育。它是在现代教育理念指导下,利用先进的 Internet 网络和计算机技术,实时与非实时传递多媒体的音频、视频、数据等信息,进行实时与非实时可视的、交互式远程教育。

1.2 现代远程教育的特点

现代远程教育因其全新的教学理念和教学形式具有以下特点。

1. 教育对象的开放性

现代远程教育为没有条件参加面对面授课的传统教育的学习者提供了接受学历教育和培训提高的机会,如在职人员、偏远地区人员,以及老年人、病人、残疾人等特殊群体，受教育的人可以扩大到全社会，它使人类实现终身学习的理想成为可能。

2. 教学时空的非受限性

传统的面授教育模式因场地和时间安排等因素，使教学活动开展受到众多限制。现代远程教育有了计算机和信息技术的支持，教学活动得到了极大延伸和扩展。学生的学习不受时间的限制，也不受地域甚至国家的限制。教与学可以同步进行，也可以异步进行；可以实时进行，也可以非实时进行；完全突破了传统教育中课堂讲授的单一模式。学生根据自己的需要自主安排学习时间和地点，自由选择学习内容，自行安排学习计划，随时提出学习中遇到的问题并得到解答。由于教学方式实现了以教为主向以学为主的转变，明显具有学习行为个人化特征，特别适合在日益信息化的社会中发展终身学习。

3. 教学活动的交互性

在函授教育中，教师通过书籍、信件等形式把教学资料传送给学生，指导学生学习。学生在学习过程中遇到问题，只能通过信函或在面授时得到解答，由于时间上的等待会耗费学生的精力，影响学习积极性。广播电视教育虽然为学生提供了丰富的图像和声音，但要实现互动必须借助卫星和视频会议系统，由于费用昂贵和条件受限，无法经常和多点举行。与第一代、第二代远程教育相比，现代远程教育克服了教育信息单向传播的不足，具有较强的教学互动性。在学习过程中，学生不再是孤独的学习个体。教师通过计算机网络和卫星等设备向学生传送多媒体教学资料和信息。互动式的教学课件使学生完成习题后，可立即评判正确与否，给出成绩。遇到问题，学生可以通过 BBS、电子邮件等手段向教师请教，并及时得到反馈。先进的在线答疑系统既可以实现师生实时互动，也可以开展学生之间的群体交流。师生交互活动的强化有助激发学生的学习兴趣，大大提高了学习效率。

4. 教学资源的共享性

全球地域辽阔，受政治、经济和科学技术发展等因素影响，各国教育水平参差不齐，教育资源分布很不平衡。现代远程教育通过主要传播载体——因特网——将各国优质教学资源连接起来，使不同地区的学生都能听到一流教师的授课，看到一流实验室的实验，实现国家乃至全球范围内名校名师优质资源的共享。

现代远程教育的上述特点给传统的教学概念赋予了新的内涵，推动了教育观念、教育思想、教学模式和教学方法的创新。

1.3　现代远程教育模式的分类

现代远程教育不仅是一种教学手段，而且是一种独立的教育形式。2000 年，欧盟将世界各国开展远程教育的模式分为四种类型。

1. 政府远程培训机构

建立于 1939 年的法国国家远程教育中心和 1946 年成立的新西兰开放工学院是两个典型的例子。

这种模式的院校是政府特别创建的远程培训机构，在软、硬件上有较大投入，可提供包括中等教育、高等教育、继续教育和培训等各种层次的课程，有专职人员负责远程课程开发并为学生提供双向通信和支持服务。它们已经存在几十年，每年教授学生几十万，在欧洲继续保持一定市场，尤其在法国。

2. 远程教育大学(开放大学)

政府独立设置的专门进行远程高等教育的全国性院校，是国家教育系统另一种模式。目前世界上有大小不等的远程教育大学(开放大学)数十个，如泰国的苏可泰开放大学、土耳其的安拉都拉大学、印度的英迪拉·甘地国立开放大学、印度尼西亚的特布卡大学、英国开放大学、加拿大的阿萨巴斯卡大学等，这些学校大都是拥有很好声誉和质量的国立大学，多数创建于 20 世纪七八十年代。

3. 普通高等学校开设远程教育课程

这一模式为欧洲一些不建立开放大学的国家所使用，如芬兰、瑞典和法国。在英国也有近 100 所高校提供远程教育课程，同英国开放大学争夺远程教育市场。美国、澳大利亚的许多普通高校亦成为应用 Internet 提供课程的前沿。

这种模式可以进一步分为若干实施类型：

(1) 一个小的教学系开展远程教学，如在法国许多大学；

(2) 一个专门的远程教育部门；

(3) 综合模式，专职教学人员同样地教授面授学生和远程学生；

(4) 由正规学院直接教授远程学生；

(5) 远程教育部门构成大学学院的特定层次。

4. 私立远程培训机构

在欧洲及世界各地，私立院校开展远程教学已有 150 多年历史，由于这类远程教育在近 20 年中仍很少应用现代通信手段，正在迅速丧失市场。

目前，中国开展远程高等教育的模式主要有两类，即第二类远程教育大学，典型的是电大系统，第三类普通高等学校办远程教育，如 68 所教育部批准的试点高校。

复习思考题

1. 什么是远程教育？什么是现代远程教育？
2. 远程教育发展经历了哪几个阶段？网络教育属于第几代远程教育？
3. 与传统教育模式相比，远程教育有哪些特点？
4. 在基根关于远程教育要素的论述中，你认为哪个要素是最本质的？

第2章

现代远程教育的发展历史

2.1 国际远程教育发展概况

19世纪中叶，远程教育首先在英国以函授教育的形式出现，它的始祖是英国人伊萨克·皮特曼，他于1840年开始给学生寄送速记教程。其后，英国伦敦大学推出的校外学位考试制度促进了高等函授教育大发展，建立此项制度的本意是为英国一些不具备学位授予资格的小型学院毕业生提供一个通过考试获得学位的机会，结果出乎人们预料，通过考试获得学位的人当中有相当数量来自函授学院毕业生。到19世纪末，通过考试的文科生就有60%在私立大学函授学院学习。1938年，国际函授教育理事会(ICCE)成立并在加拿大温哥华召开了第一次会议。进入20世纪以后，随着视听技术的应用和大众媒介的发展，国际远程教育从单一的函授教学形态向多种媒体教学的形态转化，并产生一类多媒体教学的远程教育学校。其中20世纪50年代重新组建的南非大学和60年代创办的中国城市广播电视大学是采用多媒体教学的远程教育先驱。1969年，英国开放大学正式成立，旨在为无缘进入传统高等学校学习的成年人提供接受高等教育的机会。英国开放大学在教育理念、教育模式和教学手段上的创新和实践，为远程教育赢得了历史性的地位，被世界公认为远程教育史上的里程碑。

在此后的几十年中，随着社会经济和科学技术的高速发展，世界远程教育进入一个令人振奋的历史时期。20世纪90年代中期随着双向交互为特征的卫星直播技术、音视频远程会议系统、计算机网络技术等的引入，使远程教育迈入现代远程教育发展阶段。远程教育在各国终身教育体系和国际教育格局中逐渐占据了重要的战略地位。据世界经合组织一项研究表明，从 20 世纪 90 年代以来，全球远程教育市场规模以每年 45%的速度扩张；进入 21 世纪以来，全世界有 8 000 万人通过远程教育方式进行学习。

一些发达工业化国家不仅在本国积极开展远程教育，而且通过互联网占领更多的国际高等教育市场份额。

美国是目前世界上远程教育规模最大的国家。全国 60%以上的高等学校向社会提供远程教育，开设的学历、学位课程数超过 5 万个，基本涉及美国高等学校所有学科和专业。著名的哈佛大学开设的远程教育课程，只要可以上网，学生在世界上任何一个地方都可以加入远程课堂并参加讨论。而麻省理工学院则将一千多门课程视频挂在网上，供各国远程学生共享。由 Kodak、GE、HP、IBM、DEC、NCR 等 6 家大公司于 1984 年发起成立的美国国家技术大学是世界上第一所完全采用远程电子教学的大学，学校开设的全部课程都集中在工程教育类。目前在世界各地开设了 400 个学习点，注册学员 10 多万人。

英国在远程教育方面的发展同样引人瞩目。其杰出代表英国开放大学以优秀的多媒体教材、先进的远程教学方法和较高的办学效益，成为国际上远程高等教育的楷模。学校开设了包括艺术、现代语言、社会学、卫生和社会福利、自然科学、数学和计算机、商业和管理以及教育和法学领域的 360 多门本科和研究生课程，其中 19 门课程在国际相关领域享有盛名，在校学生数超过 20 万。多年来，该校的综合教学质量一直在全英大学排行榜上居于前列，2003 年更是达到第 5 位，超过了著名的牛津大学。2002 年，英国高等教育基金理事会又拟订了一个雄心勃勃的 E - university 计划，整合英国各大学力量，建立一所网上大学，通过超级 JANET 网络系统，向全球提供远程教育。

澳大利亚以拥有世界一流的畜牧业而闻名于世，但同样使澳大利亚人自豪的是具有世界一流的、建立在网络上的、能满足不同教育层次需求的现代远程教育系统。澳大利亚教育机构在全国 6 个州及 2 个领地设有 85 个提供远程教育的 TAFE 学院，共 1 132 个校区。TAFE 将学历教育和岗位培训结合到一起，突破了传统的一次性教育局限，构建了"学习—工作—再学习—再工作"的多循环终身教育模式。澳大利亚南昆士兰大学是全球第一家通过 ISO9001 质量管理体系认证的远程教育院校和全球双重模式教学院校的典范。学生中有 75%在校外，分布在全球 60 多个国家，学生可以自愿选择在校内上课、远程学习或综合方式修读学位,遍布各地的远程教育支持网络为学生提供全方位的服务。

2.2　中国远程教育的实践

中国的远程教育同样可以溯源到早期的函授教育。1914年,由商务会馆创设的函授学社一般被认为是中国最早开办的函授学校。20世纪初,多种视听媒体开始被应用到各类教育中,陶行知先生曾率先租用无线电举办教育广播。1940年,中国政府教育部成立了电化教育委员会。

新中国成立后,中国的函授教育取得了很大发展。20世纪50年代初,中国人民大学、东北师范大学等先后建立了函授部,举办高等函授教育。至1965年,全国举办函授教育的普通高校已达123所,开设理、工、农、医、文、经、法、艺术、体育等138种专业,注册函授生近19万人。

20世纪50年代末至60年代初,随着广播电视事业的发展,中国第二代远程教育应运而生,1959年开办的哈尔滨电视师范大学是我国最早的电视远程教育,随后北京、上海、广州、沈阳等大城市纷纷建立城市广播电视大学,为在职职工提供了新的接受高等教育的机会。

1966年至1970年代末,由于"文化大革命"的原因,中国的远程教育被迫中断。

"文化大革命"结束后,中国远程教育迎来了新的发展期。1980年4月,国家教委召开了全国函授教育和夜大学工作会议;同年9月,又发布《关于大力发展高等学校函授教育和夜大学的意见》,对普通高等学校举办函授教育及夜大学的政策、任务、办学形式、经费及毕业生待遇等作了具体规定,从而为函授教育健康发展打下了重要基础。到1998年,普通高等学校开展函授教育的数量扩展到600多所,另有4所独立的函授学院。

与此同时,根据国外开放大学的成功经验和国内业已成熟的条件,国家教委和中央广播事业局开始筹备面向全国的广播电视大学。1979年1月,中央广播电视大学在北京正式成立,全国除西藏、台湾外的各个省、自治区、直辖市都建立了省级广播电视大学。在此后的近20年时间里,中国的第二代远程教育——广播电视教育——得到飞速发展。

20世纪末,世界信息技术特别是网络技术的发展,推动远程教育领域发生新的变革。1998年,在中国政协大会上,全国政协委员、湖北函授大学校长游清泉提出《面向 21 世纪构建我国现代远程教育的开放体系》的提案，受到党中央、国务院高层领导的高度重视，国务院副总理李岚清将此提案批转原国家教委研阅，此后教育部多次召开了专门会议进行研究，从而使中国“现代远程教育工程”正式启动。1999 年，在国务院批转的《面向 21 世纪教育振兴行动计划》中正式提出了“实施现代远程教育工程，形成开放式教育网络，构建终身学习体系”的任务。

1998 年，教育部批准清华大学、浙江大学、湖南大学和北京邮电大学等 4 所高校首批开展现代远程教育试点工作，其后，北京大学、中国人民大学、复旦大学、南京大学等数十所高校分 4 批相继加入。到目前为止，经教育部批准开展现代远程教育试点的高校总数达到 68 所。这些学校绝大多数是列入国家“985 工程”和“211 工程”的重点高校和名牌大学，拥有开展现代远程教育必需的教学资源和优秀的师资力量。

经过 10 多年的试点工作，中国的现代远程教育工作取得了长足的进步，初步形成了具有中国特色的远程教育办学体系。据统计，到 2010 年 9 月，全国累计注册的远程教育学生人数近 1 000 万，毕业学生 500 多万；共开设各类专业 299 种，合计 1 560 个；设立校外学习中心超过 10 000 个。另外还开展非学历培训 400 多万人次。现代远程教育正在成为中国高等教育体系必不可少的重要组成部分。

复习思考题

1. 远程教育最初以什么形式出现？起源于哪个国家？

2. 国际上采用多媒体教学的远程教育先驱是指哪两所学校？

3. 英国开放大学的成立为什么被公认为是世界远程教育史上的里程碑？

4. 新中国成立后，我国最先举办高等函授教育的是哪两所学校？最早开展电视远程教育的是哪所学校？

5. 我国现代远程教育试点工作起始于哪一年？第一批有哪几所学校？

6. 到 2010 年 9 月，我国累计注册的现代远程教育学生人数达到多少？已经毕业的学生有多少？

第3章

华东理工大学的现代远程教育

3.1 华东理工大学简介

华东理工大学原名华东化工学院，其办学历史可以追溯到100多年前的南洋公学和震旦学院，是1952年全国院系调整时由交通大学（上海）、震旦大学（上海）、大同大学（上海）、东吴大学（苏州）、江南大学（无锡）等校的化工系合并组建而成的全国第一所以化工特色闻名的院校。首任校长为著名物理化学专家张江树教授。1956年学校被定为全国首批招收研究生的高校之一。1960年被中共中央确定为教育部直属的全国重点大学。1993年经原国家教委批准，更名为华东理工大学。1996年6月学校进入国家"211工程"重点建设行列。1997年10月，上海市参与共建共管。2000年经教育部批准建立研究生院。2008年获准建设"985优势学科创新平台"，是国家首批实施自主招生改革的22所高校之一。经过半个多世纪的改革与建设，现已发展成为特色鲜明，理、工、农、医、法、经、管、文等多学科协调发展的研究型全国重点大学。

学校现有徐汇、奉贤两个校区和金山科技园区，占地总面积176万余平方米，各类建筑总面积91万平方米。图书馆总藏书309.3万册，收订中外文期刊4.3万余种，具有CA、EI等84种大型数据库和网络镜像数据库；是全国化工院校情报协作网组长单位，建有教育部科技项目咨询及成果查新中心工作站、上海高校外国教材中心、上海市研究生电子文献检索中心等机构。校分析测试中心、珠宝检测中心为国家计量认证单位。

学校设有化工学院、生物工程学院、化学与分子工程学院、药学院、材料科学与工程学院、信息科学与工程学院、机械与动力工程学院、资源与环境工程学院、理学院、商学院、社会与公共管理学院、艺术设计与传媒学院、外国语学院、法学院、体育科学与工程学院等 15 个专业学院，以及网络教育学院、继续教育学院、国际教育学院、中德工学院、理工优秀生部、人文科学研究院。

学校学位授权点覆盖理、工、农、医、法、管、哲、经、文、史、教育、艺术等 12 个学科门类、38 个一级学科。设置 64 个本科专业；有 25 个硕士学位授权一级学科，146 个硕士学位授权点；有 13 个博士学位授权一级学科，81 个博士学位授权二级学科点；拥有工商管理硕士(MBA)、公共管理硕士(MPA)和 18 个工程领域的工程硕士专业学位授予权和高校教师在职攻读硕士学位授予权。学校还设有 11 个博士后科研流动站，拥有 7 个国家重点学科(按二级学科计)、1 个国家重点(培育)学科、10 个上海市重点学科。

学校目前在校全日制学生 2.48 万余人，其中研究生 8 450 人(博士生 1 416人)，教职员工 3 550 人，其中两院院士 5 名，双聘院士 4 名，国家教学名师 2 人，国家"973"计划首席科学家 7 名，国家"863"计划领域专家 3 名，长江学者特聘教授 16 名，长江学者讲座教授 1 名，上海市教育功臣 1 名，国家级有突出贡献的中青年专家 11 名，新世纪百千万人才工程国家级人选 8 名，一大批中青年学者崭露头角。

学校以"培育英才，服务社会；注重过程，勤奋求实；协调发展，特色鲜明"作为办学指导思想，以面向企业为主，不断深化教育思想、教育内容、教育方法和课程体系改革，教学质量居全国及上海市高校前列。学校有国家精品课程 20 门，国家双语示范课程 3 门，上海市精品课程 56 门。2000 年以来，主持国家级教学改革项目 16 项，获国家级教学成果奖 17 项；完成教育部重点规划教材 13 部，10 部教材获国家级奖励。学校现有国家特色专业 9 个，建有联合国教科文组织工程教育中心中国分中心，工科化学国家教学实验示范中心。

多年来，学校以培养"厚基础、强实践、高素质、具有创新精神和国际视野的社会英才"为目标，重视对学生全方位的培养，学生在国内外各类竞赛中屡创佳绩。1997 年、2005 年先后两次获得美国大学生数模竞赛特等奖，成为国际上少数两获殊荣的高校之一；1993 年、1999 年和 2007 年在"挑战杯”全国大学生课外学术科技作品竞赛中三捧“优胜杯”;在历年全国和上海市级各类英语比赛中屡获大奖,2000 年、2005 年参加上海市高校英语演讲比赛囊括英语专业和非英语专业两项冠军,2007 年获全国亚军,在 2007 年“国际英语辩论大赛中国赛区”比赛中获冠军队及季军队和最佳辩手;女子乒乓球队多次在世界大学生乒乓球锦标赛上夺冠。同时,在物理、计算机编程、电子设计、机器人制作、科技发明等方面的竞赛中也成绩斐然。

学校有 8 个国家级研究基地、18 个省部级研究基地、2 个国际合作科研基地、50 个校级研究所(中心),建有国家大学科技园,是全国 6 所首批建立国家技术转移中心的高校之一。学校拥有一支老中青结合的、有 1 300 多名专兼职研究人员组成的科研队伍,近年来,每年承担各类研究课题 1 000 多项,科研经费逐年增加,2004 年超过 2 亿元,2007 年达到 3.06 亿元,2009 年超过 4 亿元。历年来获国家自然科学奖、国家发明奖及国家科技进步奖 49 项,获省部委科技进步奖 500 多项,获得国内外专利 1 000 多项。取得新型水煤浆气化技术、纤维素废弃物制取乙醇技术、可资源化烟气脱硫技术、水氯镁石先进脱水工程技术、微生物表达蛋白药物规模化制备平台技术等一批重大创新成果,GMT 复合材料、化纤碳白、人工钙骨水泥、冶炼厂 SO_2 回收、干煤粉气化、新型自控发酵罐等一批高新技术成果实现产业化,取得了重大经济效益和社会效益。

学校在技术转移与产学研合作方面特色鲜明,处于全国领先地位。入选首批国家技术转移示范机构,加盟“新一代煤(能源)化工”等六个国家级技术创新战略联盟,特别是向美国最大的炼油企业 Valero 公司进行授权的“石油焦气化技术”实施许可,标志着中国大型化工成套技术首次向美国等发达国家实施技术转移,也是中国高校迄今为止获得的最高海外技术许可费用项目。

学校重视并不断拓展对外合作交流空间,已与美、德、日、法、英、加、韩和澳大利亚等国的 70 多个高校、企业集团和科研机构建立了长期广泛的学术交流关系,特别是与一批海外高水平研究型大学建立了姊妹学校关系或签署了合作协议并实施教师互访、学生交换以及联合培养的合作机制。

学校在抓好物质文明建设的同时,着力加强精神文明建设,推进学生全面素质的培养。先后被评为“全国大学生暑期社会实践工作先进集体”、“上海市群体工作示范单位”、“上海市艺术教育先进集体”、“上海市拥军优属模范单位”、“上海市社会治安综合治理先进集体”、“全国群众体育先进集体”、“全国学校民主管理先进单位”；1996 年以来连续 7 次荣获上海市“文明单位”光荣称号。

近 60 年来，学校共为国家培养了 10 万多名毕业生，其中 10 人当选中国科学院、中国工程院院士，许多人成为国家和各级政府部门的领导；一大批优秀人才成为高校、科研机构、骨干企业的领军人才和高级技术专家，还涌现出许多诸如获得“2006 影响世界华人大奖”等各种荣誉的海外杰出校友。1988 年，在学校庆祝石油加工系成立三十周年时，江泽民同志欣然题词：人才辈出。

3.2　华东理工大学远程教育概况

2002 年 2 月，华东理工大学被教育部正式批准为现代远程教育试点高校，同年成立华东理工大学网络教育学院，作为实施现代远程教育的二级实体学院。

自开展现代远程教育试点工作以来，华东理工大学网络教育学院依托本校的学科优势，坚持“规范、质量、规模”的办学宗旨，根据成人学生的特点和教学手段的不同，深入研究、不断探索、勇于实践，在教学内容改革、教学手段创新、技术支持服务、管理运行机制等方面取得一系列成果，构建了具有本校特色的现代远程教育体系。10 年多来累计培养本专科学生 3.2 万余人，目前在线学习学生近 2 万人，为构建学习型社会作出了积极的贡献。

根据社会需求及学校特色，学院先后开设高起专、专升本、高升本三个层次，覆盖文、法、经、管、理、工等多个学科门类的 25 个专业，设有校外教育中心 53 个。

丰富的教学资源、规范的教学管理、人性化的支持服务使华东理工大学网络教育在 10 年多发展时间里赢得了广大学生和社会的好评，学院连续入选由多家媒体组织评选的“2006 年度教育总评榜十佳网络教育学院”、“2007 年度教育总评榜十佳网络教育学院”、“2008 中国教育盛典中国十大品牌网络教育学院”、“2009 年最受社会认可的远程教育学院”和“2010 年度十大品牌网络教育学院”。

为了进一步提高管理和服务水平，学院建立了 ISO9001：2000 质量管理体系,并于 2008 年顺利通过认证,成为上海市现代远程教育试点高校中首个通过质量管理体系认证的网络教育学院。

3.3 华东理工大学远程教育的特色

经过多年的实践和探索,华东理工大学网络教育形成了以下鲜明的特色。

1. 形成了基于现代网络和信息技术的授课和学习模式

学院创建了"网上自主学习、实时直播授课、集中面授辅导、教师网络答疑、注重过程考核"的 30 字学习方针和地网(Internet)、天网(卫星直播)、人网(校外教育中心)相结合的教学管理模式。强大的网络平台功能,使学生能够灵活自主地安排课程学习进度、完成网上作业、接受视频答疑、参与网络讨论、下载学习资料、查询学习信息、进行考试预约。

学院通过网络授课(约占 70%)和面授(约占 30%)相结合的方式组织课程教学。学生可以在任何时间、任何地点通过用户名和密码在网上点播相关的课程课件,也可以通过专用 FTP 服务器下载并观看辅导课件。各地教育中心按课表要求定期组织教师集中授课、组织收看辅导课件和直播课程、开展辅导答疑等。

在线答疑(每学期每门课 1 至 4 次)和 BBS 答疑(要求课程辅导教师 48 小时内必须回答)为解决学生课程学习中的困难提供了可靠保证。在线答疑系统可以同时支持 500 人在线实时交流,先进的音视频传输技术,让学生与教师能够进行语音、视频交流。通过白板操作、光标圈划等双向板书功能,较好地实现了师生的交互性。

学生通过完成随机的网上作业和定期发布的阶段练习检验自己的学习效果,网上作业提交后,由题库按标准答案直接评分。待网上作业发布时间截止后,学生可及时在网上查阅作业答案,并根据自己的实际学习情况自主选择预约参加本次考试的科目。

2. 建设了较为丰富的教学资源库

根据远程教育教与学相对分离的特点,学院积极推进教材建设、课件制作和习题库开发等各项网络教学资源建设工作。

至 2010 年底,自主开发完成课程课件和辅导课件 507 门,引进校外优质课程课件67门。在自主开发的课件中，努力体现适用性、易读性、趣味性、引导性和交互性。一批优质课件被兄弟院校引进使用。学院重视网络教育精品课程建设，从提高网络教育教学质量，促进网络教育持续、健康发展的高度，将网络教育精品课程建设作为一项重点工程来抓，从人力、财力和激励政策等方面积极支持网络教育精品课程建设。2007年以来，先后重点建设了"物理化学"、"工程制图"、"公共管理学"、"化工原理"、"线性代数"、"机械设计"、"基本线路与电子"等15门校级网络教育精品课程，并积极申报国家级网络教育精品课程。"物理化学"、"工程制图"、"化工原理"和"基本线路与电子"等4门课程先后被评为国家级网络教育精品课程。

编撰出版了符合网络教育特点的远程教育系列教材，包括计算机应用基础、大学英语等全国统考课程和管理、法学、经贸、自控等多个学科专业领域的课程。完成了一批课程的习题库和试题库建设。

整合利用学校现有的电子图书资源，为学生开通网上图书馆查询和浏览功能。

3. 推出了符合远程教育特点的课程考核模式

针对成人学员工学矛盾比较突出，经常出现平时学得少、考时突击学的情况，为帮助他们提高平时学习自觉性和积极性，在课程考核评分上进行大胆改革。规定平时学习过程的考核占总分40%，内容包括课程学习的点击次数和时长、作业完成情况评价、参与网络答疑的次数和出席各类助学活动的情况等，期末考试成绩占总分60%。通过建立学习过程跟踪考核机制既利于引导学生利用远程教育现代化教学手段、丰富的教学资源和完善的学习支持服务，提高自主学习的能力和效果，同时真正体现出远程教育的优势。

根据成人学生年龄偏大、记忆力减退和实践经验丰富、理解能力较强的特点，学院按课程性质不同采用多样化考核形式，减少全闭卷考试比例，增加开卷考课目，通过书写学习体会、读书报告等形式实现对部分课程的考核。

4. 较好地解决了工科类专业的实验教学环节

在化工、机械、自动化等工科类专业远程教育中，因受条件、环境、教学对象、管理等诸多因素的制约，实验和实训教学环节的实现一直是一个难点。学院通过不断探索，采用多样化的模式，较好地解决了这个难题。

除校本部外，校外教育中心需开设工科类专业的，对其依托单位实验实训设施条件作出严格规定。操作性技能训练和基础性课程实验全部利用当地设施来完成；对部分注重观察、动手要求不高的，且当地不具备开设条件的实验，则通过开发仿真实验软件予以解决；对一些必需的、校外教育中心不具备开设条件的专业实验，通过向专业学院租用(化工专业)或自主开发远程在线实验装置加以解决，这些实验设备突破了时空限制，能够全天候向各地学生开放。目前已完成远程控制实验装置 9 套，包含实验 66 个；虚拟实验 76 套，包含实验 162 个。开发的远程实验项目涵盖了物理化学、化工原理、有机化学、大学物理、计算机网络、化工自动化仪表、化工工艺、机械原理等 33 门课程实验，涉及化学工程、电气工程与自动化、药学、计算机、机械设计制造及自动化和生物工程等 6 个专业。

5. 构建了全方位学生学习支持服务体系

学院建立了由院学习支持服务中心→校外教育中心→班主任组成的三级服务体系，着力做好导学、助学、督学工作。

(1) 做好新生入学导学教育。“网络教育”对于一名新生而言，是一个完全陌生的概念。学院在每一级新生开学时，都举行隆重的开学典礼，同时通过卫星直播的方式传至校外教育中心。学校及学院领导亲临开学典礼现场，对新生进行入学教育，内容包括介绍华东理工大学及网络教育学院的概况、国家对网络教育发展的政策和要求。学院有关部门就网络教育的学习方式方法、日常管理要求、奖惩机制等作详细的介绍，旨在让新生逐步了解、认识和熟悉网络教育，强化新生利用网络自主学习意识，帮助学生日后有效的学习，避免学生在学习过程中发生一些不必要问题。同时还将这些内容制作成导学辅导光盘，赠送给每位新生。

(2) 做好学生反映问题的处理及反馈工作。学院通过 Call Center(呼叫中心)、“院长信箱”、与教育中心的交流座谈等多种途径(均公布在学院网站的主页上)，及时做好学生意见处理及反馈工作。学生学习支持服务中心建立了专门的受理制度，在接到学生意见时，填写“受理事项登记处理单”，记录受理事项的内容，并转送相关职能部门调查和提出处理意见，由分管院领导同意签字；遇有重大事项，提交院务会议讨论决定。所有处理结果，最后由支持服务中心回复学生。

(3) 积极开展主动服务。2007年以来,学院进一步强化主动服务理念,以技术的开发及其可扩展性为手段,构建独有的非学科性支持服务系统,整个系统主要由热线服务平台、主动跟踪服务平台与华理网院DEE(Distance Education Environment)平台数据整合而成。系统的建成使热线服务更加高效、信息更加准确、记录更加清晰;主动跟踪服务也得以逐项开展。学院将学生学习和培养分成若干阶段,主动提醒学生学习课件和完成课程作业、考试预约、统考报名和毕业环节等各个时间节点。由于主动跟踪学生学习情况,针对学生可能碰到的困难在没有发生之前提供帮助,有效地激发和提高了学生自主学习的积极性。

6. 实现了教学过程的全面平台化管理

学院采用包括学生平台、教师平台、管理平台等组成的DEE(Distance Education Environment)教学管理平台,实现了各类信息的电子化管理。学生从注册、缴费、选课、网上作业提交、音视频交互答疑、课程论坛答疑、考试预约全部可以在网上操作完成。

为保证各教学环节的质量,对学生学习按照平时成绩、网上作业成绩、课件点播次数、课程考试成绩等考核项目进行过程评价;本科学生的毕业论文实行网络化管理,实现学生与论文指导教师在线互动,学生网上选题、提交开题报告、论文初稿和定稿;教师网上评阅学生开题报告、论文初稿和终稿;另外还开发了教学教务、财务报表的导出和打印功能、电子支付平台,方便学员和管理人员使用。

教学过程的网络化平台管理,不但使各类资料信息查询极为方便,而且大大提高了工作效率。

7. 探索了网络教育环境下的学生全面素质教育

现代远程教育因其教与学过程相对分离的特点,使学生的全面素质教育面临新的课题。几年来,学院在利用现代网络技术传授知识的同时,在这方面进行了积极有益的探索。

(1) 坚持“一切为了学生”的工作理念,以“真诚、健康、活泼、规范”为行动准则,开展丰富多样的学生思想政治教育。针对网络教育以从业人员为主、居住比较分散的特点,利用网络平台优势,组织开展摄影比赛、主题征文等各类学生活动,构建学生网上交流平台。通过制订相应的学生活动管理规范,建设教育中心网站、加强学生网上宣传报道等途径,努力营造具有华东理工大学网络教育特色的校园文化氛围。

(2) 认真做好评优工作,着力调动学生的积极性。学院制订了《华东理工大学网络教育优秀学生评选条例》和《华东理工大学网络教育优秀毕业生评选条例》,每年组织评选一批优秀学生和优秀毕业生。公开、公平、公正的评选极大地激发了网络教育学生学习积极性和荣誉感。

同时,学院还认真做好一年一度由中国人民大学、中国农业大学等 8 所高校参加的“弘成风采教育奖学金”的候选人推荐工作,在历届“弘成风采教育奖学金”评选活动中,共有 50 名同学获奖,其中特等奖 1 名、一等奖 4 名、二等奖 5 名、三等奖 40 名。在申报人数、获奖人数及获奖比例方面均位居参评院校之首。

(3) 组织学生参加各类集体活动和社会实践活动。学院从 2006 年起每年都举行师生运动会,由上海地区各教育中心的学生组队参与,不但使学生亲身感受了校园文化加深了对母校的认同感,也使集体的凝聚力大大提高。学院从学生个人、教育中心及学院三个层面鼓励学生参加社会实践活动。2006 年暑期,11 名师生组成以“走进畲乡,为畲乡教育服务”为主题的志愿者服务团赴浙江景宁畲族自治县开展扶贫支教社会实践活动,并在大均乡中心学校设立“华东理工大学网络教育学院院长奖学金暨助学金”,奖励品学兼优的贫困生、资助特困生顺利完成学业。从 2007 年暑期起,学院每年向全体网络教育学生招募社会实践志愿者,赴安徽金寨开展为期一周的社会实践活动,内容包括志愿者讲课、走访贫困生家庭、集体联欢等,并向当地小学捐赠书籍和学习用品。这些活动既帮助学生了解了国情增强了社会责任感,同时各方面能力得到了锻炼和提高。

复习思考题

1. 华东理工大学成立于哪一年?何年成为教育部直属全国重点大学?何年进入国家“211 工程”重点建设高校行列?

2. 华东理工大学的学位授权点覆盖多少个学科门类?有多少个一级学科?学校建有几个国家特色专业?

3. 华东理工大学拥有几名国家教学名师?

4. 华东理工大学哪一年被批准开展现代远程教育试点工作?举办现代

远程教育的具体机构是哪家？

5. 华东理工大学网络教育的 30 字学习方针是什么？

6. 华东理工大学网络教育的课程考核方式有什么特点？

7. 华东理工大学哪几门课程是国家网络教育精品课程？

8. 华东理工大学网络教育的学习支持服务体系由哪几部分构成？学生咨询和反映问题有哪些途径？

第2篇　技术篇

第 4 章

计算机网络的基础知识及应用

由于现代远程教育的学习大多是在网上进行，所以每位学生在开始学习之前必须了解一些网络的基础知识并掌握基本的网络连接方法。下面将就这些内容做简要介绍。

4.1　计算机网络的基本知识

随着计算机技术的发展，计算机采用通信媒体连接起来，组成了超级网络，因此计算机网络是计算机技术与通信技术结合的产物。为使各计算机网络间有互联的统一标准，出现了 TCP/IP 协议即传输控制/网际协议(Transmission Control Protocol / Internet Protocol)，又叫网络通信协议，这个协议是互联网诞生的标志，而采用超文本技术的万维网(World Wide Web)的出现使得互联网迅速在世界范围内得到了广泛应用。

4.1.1　计算机网络的分类

计算机网络的分类标准很多，一般按网络覆盖范围大小分为局域网 LAN(Local Area Network)、城域网 MAN(Metropolitan Area Network)、广域网 WAN(Wide Area Network)和互联网(Internetwork)。

1. 局域网(LAN)

局域网是指范围在几百米到十几公里内计算机网络。它用来连接较小范围内的网络设备，如一个部门、一栋楼或一个单位都可以建立一个局域网。局域网内的所有计算机之间可以进行数据通信，也可以共享资源，如使用同一台打印机。局域网采用高速电缆连接计算机，传输速率一般在

10Mbps 以上。

2. 城域网(MAN)

城域网比局域网的规模大一些,所采用的技术基本类似。城域网可以支持数据和话音传输,也可以与有线电视网相连。

3. 广域网(WAN)

广域网跨接的物理范围更大,可以跨城市、地区或国家。广域网中的网络连接可以通过专线,如光纤等。广域网包含主机和通信子网,主机运行用户应用程序,通信子网在主机之间传送报文。通信子网一般包括传输信道和转接设备两部分,传输信道用于在机器间传送数据,转接设备是连接两条或多条传输线路的专用计算机。

4. 互联网(Internetwork)

互联网是由多个网络相互连接构成的集合,这些网络可能具有不同的物理结构、协议和标准,通过网关将这些不兼容的网络连接起来,并进行相应的转换功能,使不同网络的用户之间可以进行相互通信。这里的互联网不是指国际互联网 Internet,而是指 Internetwork。互联网最常见的形式是多个局域网通过广域网连接起来。

4.1.2 计算机网络的基本组成

计算机网络一般由网络服务器、网络工作站、传输介质和网络连接设备四部分组成。

1. 网络服务器

网络服务器运行网络操作系统,为网络上其他计算机提供硬盘、文件数据服务及打印机等共享资源。根据网络大小,可以设置一台或多台服务器,分别完成各种网络功能,如文件服务器、打印服务器、电子邮件服务器、FTP 服务器等。

2. 网络工作站

网络工作站是网络中个人使用的计算机,也称网络客户机,使用网络服务器所提供的服务。

3. 传输介质

网络中发送和接收数据的物理通道就是传输介质,有双绞线、同轴电缆、光纤等有线介质以及无线介质。

4. 网络连接设备

常用的网络连接设备有调制解调器、网络适配器、集线器或交换机、路由器。

(1) 调制解调器(Modem)是计算机通过电话线接入 Internet 的必备设备,它将计算机输出的数字信号调制成模拟信号,又将接收的模拟信号解调成数字信号。

(2) 网络适配器(Network Interface Adapter,NIA)简称网卡,网卡插在计算机的扩展槽中,通过传输介质与网络连接。

(3) 集线器(Hub)的作用可以简单地理解为将一些网络设备连接起来组成局域网,联网的节点通过双绞线与集线器连接,当一台计算机从一个端口将信息发送到集线器后,集线器就将信息广播到其他端口,通过集线器完成发送和接收的过程。交换机与集线器作用大体相同,但两者在性能上有所区别,交换机的传输能力更强。

(4) 路由器(Router)是实现局域网和广域网互联的主要设备。在广域网中,信息从一个节点传输到另一个节点时,路由器实现网络中传输路径的选择。

4.2 Internet 的基本概念

在这一部分我们主要了解一些 Internet 中所使用的 TCP/IP 协议、IP 地址与域名系统等概念。

4.2.1 TCP/IP 协议

TCP/IP 协议(Transmission Control Protocol / Internet Protocol)即传输控制/网际协议,是网络互联中使用最为广泛的传输协议,它规定了网络上计算机之间的数据传输格式和传输方式,Internet 上的不同计算机系统都必须服从 TCP/IP 协议,才能进行信息共享。TCP/IP 协议可以理解为将要发送的数据分组放入 TCP 包中,再将该 TCP 包放入 IP 数据包中,IP 包中装有数据发送和接收方计算机的 IP 地址和其他信息。

4.2.2 IP 地址

Internet 上每台计算机之间的通信是根据 Internet 地址即 IP 地址定位

的，就像电话号码，每台计算机都事先分配一个 IP 地址，是由 32 位二进制数组成的，而且在 Internet 范围内是唯一的。为了方便记忆，将这 32 位二进制分成 4 段，每段 8 位，每 8 位二进制分别转换成十进制数，用小数点隔开，如某 IP 地址为 11001010. 01111000. 01101111. 00000011，转换以后变为 202.120.111.3。

1. 公有地址和私有地址

公有地址(Public address)由 InterNIC(Internet Network Information Center)，即因特网信息中心负责。这些 IP 地址分配给向 InterNIC 提出申请的组织机构，通过它直接访问因特网。

私有地址(Private address)属于非注册地址，专门为组织机构内部使用。局域网内就可以使用这些内部私有地址。

以下列出留用的内部私有地址：

A 类 10.0.0.0—10.255.255.255

B 类 172.16.0.0—172.31.255.255

C 类 192.168.0.0—192.168.255.255

2. 计算机 IP 地址的查询

在 Windows XP 系统中，单击左下角“开始”按钮，单击“运行”，输入“CMD”并单击“确定”按钮。进入命令行方式下，输入“IPCONFIG /ALL”并回车，会出现如图 4-1 所示 IP 配置界面。其中“IP Address”即本机 IP 地址，“Subnet Mask”为子网掩码，“Default Gateway”为网关地址，“DNS Servers”为域名服务器地址。

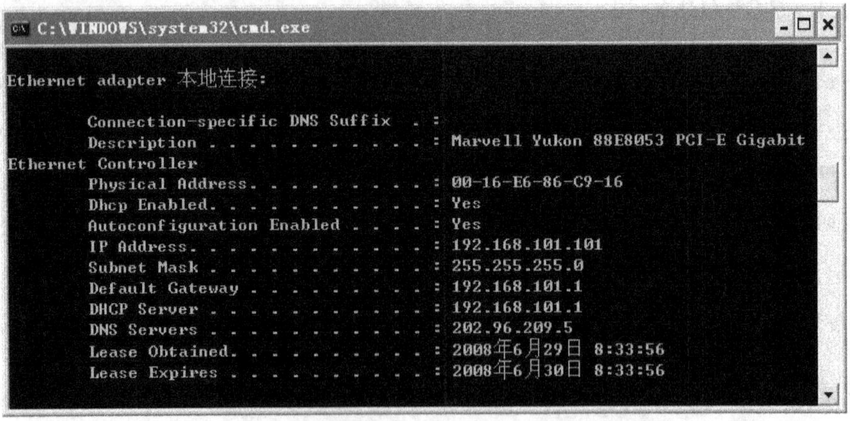

图 4-1　IP 配置

4.2.3 域名系统

在互联网上，每个站点都有一个唯一的 IP 地址，如华东理工大学网络教育学院网站的 IP 地址是 211.157.9.2，但 4 个十进制数字还是比较难记，因此采用了字符串的组合来替代数字表示的 IP 地址，即"域名"地址。华东理工大学网络教育学院的域名为 www.ecustmde.com。如华东理工大学的网站 www.ecust.edu.cn，其中 cn 代表中国(China)，edu 代表教育网(education)，ecust 代表华东理工大学(East China University of Science and Technology)，www 代表提供 WWW 服务的主机名。

为避免重名并容易识记，域名采用了层次结构，用圆点"."隔开。从右到左依次为最高域名段、次高域名段等，最左的一个字段为主机段。

为了表示主机所属的机构性质和国家/地区，Internet 管理机构给出了一些顶级域名。常见的机构域名和国家/地区域名见表 4-1。

表 4-1　常见的机构域名和国家/地区域名

机构域名		国家/地区域名	
域名	含义	域名	含义
com	商业机构	cn	中国
edu	教育机构	hk	中国香港
gov	政府机构	tw	中国台湾
net	网络服务提供者	us	美国
org	非营利组织	uk	英国

4.3 网络连接的方法

4.3.1 Internet 的常用接入方式

网络接入大致分为两种类型：

(1) 住宅接入，将家庭计算机与网络相连。

(2) 企业接入，将政府机构、公司或校园网中的计算机与网络相连。

我国常用接入方式的特点比较见表 4-2。

表 4-2 常见接入 Internet 方式的特点

接入方式	速度(bps)	特点
电话拨号	56k	方便、速度慢
ISDN	128k	较方便、速度慢
ADSL	512k～8M	速度较快
Cable Modem	8～48M	利用有线电视的同轴电缆来传送数据信息、速度快
局域网接入(LAN)	10～100M	附近需有 ISP 线路、速度快
光纤	≥100M	速度快、稳定

目前,个人接入 Internet 一般使用电话拨号、ADSL 和局域网接入三种方式。

1. 电话拨号

拨号接入是接入 Internet 最早使用的方法之一。它的接入非常简单,只需具备一条能打通 ISP 特服电话(如 16300 等)的电话线、一台计算机、一台调制解调器,并且办理必要的手续后(得到用户名和密码),就可以轻松上网了。与其他接入方式相比,它的收费较为低廉。电话拨号的主要缺点在于它的接入速度慢,它的最高接入速度一般只能达到 56kbps。

2. ADSL

ADSL 是运行在原有普通电话线上的一种新的高速、宽带技术,具有较高的带宽及安全性。ADSL 接入 Internet 有虚拟拨号和专线接入两种方式。采用虚拟拨号方式的用户采用类似调制解调器和 ISDN 的拨号程序,在使用习惯上与原来的方式没有什么不同。在我国,家用 ADSL 多采用虚拟拨号方式,每次拨号获得的公网 IP 可能不同,下行带宽最多可以达到 8Mbps,上行一般为 512kbps。

3. 局域网接入

如果所在的单位或者社区已经建成了局域网并与 Internet 相连接,并且所在位置布置了信息接口,只要通过双绞线连接计算机网卡和信息接口,并且获取局域网 IP 设置,即可以使用局域网方式接入 Internet。随着网络的普及和发展,高速度正在成为使用局域网的最大优势。在局域网内带宽可以达到 10～100Mbps,但连接 Internet 的带宽受接入 Internet 的方式所限。

4.3.2　通过 ADSL 连接 Internet

通过 ADSL 接入 Internet 必需的硬件设备包括：一块 10Mbps 或 10Mbps/100Mbps 自适应网卡、一个 ADSL 调制解调器、一个信号分离器、两根两端做好 RJ－11 头的电话线和一根两端做好 RJ－45 头的五类双绞网络线。

由于 ADSL 调制解调器是通过网卡和计算机相连的，所以在安装 ADSL 调制解调器前要先安装网卡驱动。要注意的是，一定要安装 TCP/IP 协议，一般使用 TCP/IP 的默认配置，不要设置固定的 IP 地址。

然后需要安装 PPPoE 虚拟拨号软件 EnterNet（Windows 已经继承了 PPPoE 协议支持）。其步骤如下：

（1）在计算机界面上，选择“开始”→“程序”→“附件”→“通讯”→“新建连接向导”，出现“欢迎使用新建连接向导”画面，单击“下一步”按钮；

（2）默认选择“连接到 Internet”，单击“下一步”；

（3）在页面上选择“手动设置我的连接”，再单击“下一步”；

（4）选择“用要求用户名和密码的宽带连接来连接”，单击“下一步”；

（5）在这里可以输入提供 Internet 服务的 ISP 名称作为创建的连接名称，单击“下一步”；

（6）输入自己的 ADSL 账号（即用户名）和密码（一定要注意用户名和密码的格式和字母的大小写），并根据向导的提示对该上网连接进行 Windows 的其他一些安全方面设置，然后单击“下一步”按钮；

（7）单击“完成”后，会看到桌面上多了名为“ADSL”的连接图标，至此 ADSL 虚拟拨号设置完成。

双击“ADSL”图标，确认用户名和密码正确以后，单击“连接”按钮即可成功地连接到 Internet。

4.3.3　通过局域网的连接

通过局域网方式接入 Internet 必需的硬件有网卡和网线（双绞线）。在关机状态下，将网卡插到计算机的一个扩展槽中，将网线的一端（称为 RJ－45 头）插入网卡的 RJ－45 接口中，另一端插入信息插座或交换机的 RJ－45 接口中，硬件的连接就完成了。下面以 Windows XP 为例讲解软件安装和配置的方法。

1. 网卡驱动程序的安装

在 Windows XP 中局域网的设置是非常方便的。在安装 Windows XP 及系统启动时,操作系统将自动检测新的硬件,检测到网卡后,如果操作系统已包含其驱动程序,将自动为其安装驱动程序、创建并自启动网络连接;如果操作系统找不到网卡驱动程序,则会提示选择网卡驱动所在路径,此时可插入网卡驱动光盘,让系统在光盘上搜索网卡驱动程序,或者直接运行网卡自带驱动光盘上的安装程序安装网卡驱动。

2. 网络协议的安装

当用户在计算机中插入网卡后,启动 Windows XP,系统在自动安装网卡的驱动程序后,还会添加相关网络协议。在桌面"网上邻居"图标上单击鼠标右键,选择"属性"。屏幕上就会出现图 4-2 所示"本地连接属性"窗口,上面的一栏是当前使用的网卡型号,下面是加载到该网卡上的各种服务和协议,默认的情况下系统自动加载"Microsoft 网络客户端"、"Microsoft 网络的文件和打印机共享"、"QoS 数据包计划程序"、"Network Monitor Driver"和"Internet 协议(TCP/IP)"。每个服务或协议项目前面都有一个复选框,用来选择是否加载该项,标有"√"的便是要加载的项目。其中,"Microsoft 网络客户端"、"Microsoft 网络的文件和打印机共享"的目的是访问网络上的其他计算机和共享本地的文件和打印机,通常都需要加载。"Internet 协议(TCP/IP)"是接入 Internet 所必需的,因此也需要加载。

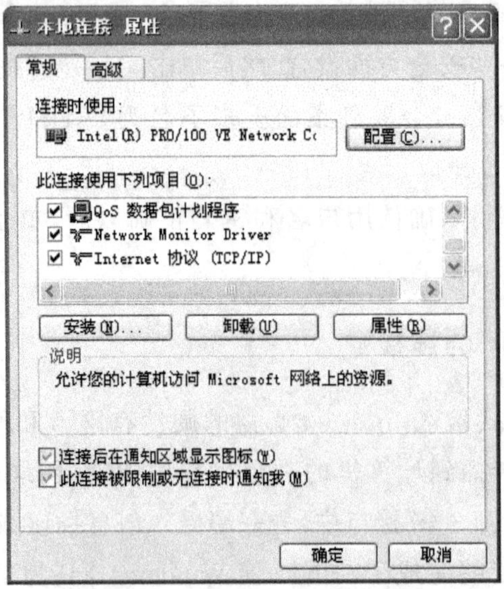

图 4-2 本地连接属性对话框

3. TCP/IP 协议的设置

对于 TCP/IP 协议，添加以后还要进行相关的设置才能正常使用。步骤如下：

(1) 切换到图 4-2 所示的"本地连接属性"窗口，选择"Internet 协议(TCP/IP)"，单击"属性"按钮；

(2) 出现图 4-3 所示 Internet 协议(TCP/IP)属性窗口。在这个窗口中可以设置该协议，如果使用动态 IP 地址，则选中"自动获取 IP 地址"即可；若使用静态 IP 地址，则需要在 IP 地址、子网掩码、默认网关和 DNS 服务器地址 4 个空格中填入参数，参数由网络管理员分配；

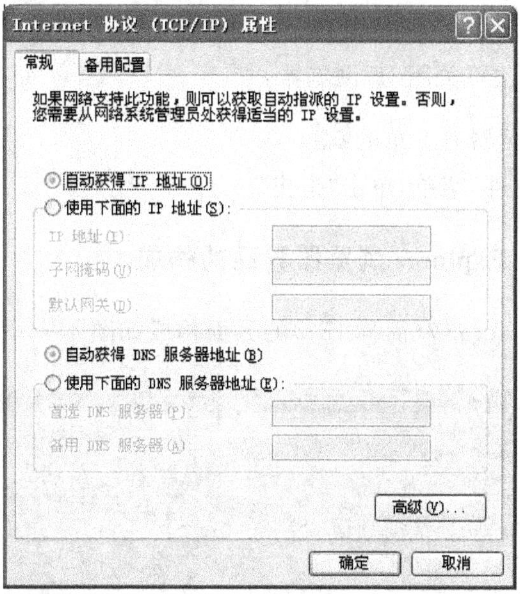

图 4-3　Internet 协议(TCP/IP)属性

(3) 设置以上参数后，单击"确定"按钮，TCP/IP 协议就设置完成。

完成上面的配置后，就可以访问 Internet 了。

4.4　IE 浏览器的使用

学生浏览网页时需要使用浏览器，目前较流行的浏览器有 Internet Explorer(简称 IE)和 Firefox 等。微软公司的 IE 浏览器凭借其良好的性能和与 Windows 操作系统的有机集合，是当前使用最广泛的浏览器之一。进行网上学习要求使用 Microsoft Internet Explorer 6.0 及以上版本。下面就 IE 浏览器的使用及有关问题作一介绍。

4.4.1　Internet Explorer 浏览器的启动与关闭

启动 IE 浏览器可以有以下几种方法：

(1) 双击系统桌面上的

图标；

(2) 单击屏幕下方任务栏左边的 Internet Explorer 图标；

(3) 在桌面上依次单击"开始"→"所有程序"→"Internet Explorer"菜单项。

以下几种方法可关闭 IE 浏览器：

(1) 单击浏览器右上角的；

(2) 进入"文件"菜单，单击"退出"。

4.4.2　Internet Explorer 浏览器界面的构成

Internet Explorer 7(简称 IE7)的界面构成如图 4-4 所示。

图 4-4　IE 界面结构

标题栏：位于界面的顶部，用来显示当前网页的名称。

菜单栏：提供 IE 浏览器的操作命令。

工具栏：包括标准功能按钮、“地址”栏、“链接”栏三项。标准按钮以按钮的形式列出菜单中常用的操作命令，“地址”栏用来显示当前网页的地址，“链接”栏用来存放系统自带的网页地址。

功能区：为用户提供“搜索”、“收藏夹”等相应的操作功能。

浏览区：显示当前网页的文字、图片等内容。

4.4.3 Internet Explorer 浏览器的基本操作

1. 进入网页

在浏览器的地址栏中单击鼠标左键(或按 ALT+D 组合键)，使地址栏中的字符呈反色显示。输入要浏览的网站的 URL 地址，然后按回车键即可。

2. IE 常用功能

(1) 设立自己的主页

主页是打开浏览器时浏览器自动进入的页面。主页的设置：单击“工具”菜单→“Internet 选项”→“常规”选项卡，在“主页”的“地址”文本框处可输入起始页的地址。单击工具栏的“主页”图标可直接进入设定的主页。

(2) 返回浏览过的网页

要回到上一页，请单击工具栏上的后退按钮。要转到下一页，请单击工具栏上的前进按钮。

(3) 页面上的超级链接

通过将鼠标指针移过某一项，可以判断该项是否为超级链接。如果指针变成手形，则表示该项是超级链接。超级链接可以是图片、三维图像或彩色文字(通常带下画线)。

(4) 历史记录

在工具栏上，按序单击和按钮(或按 CTRL+H 组合键)，窗口中将出现网站访问的历史记录，包含最近几天或几周内访问过的 Web 站点的链接。单击文件夹或网页以显示 Web 页。

(5) 收藏夹

在“收藏”菜单中，单击“添加到收藏夹”，可以将当前页面的地址添加到收藏夹中，以便再次浏览该页面时，只需单击“收藏”菜单，就可以找到收藏的网页地址。

(6) “搜索”按钮

单击此按钮,可以在其中选择搜索服务,并搜索 Internet。

(7) “停止”按钮

按“停止”按钮,会中断正在浏览的 Web 页的连接。

(8) “刷新”按钮

单击“刷新”按钮或按 F5 键可更新当前页。如果在频繁更新的 Web 页面上看到旧的信息或者页面内容加载不正确,可以使用该功能。

(9) “打印”按钮

打印 Web 页,可以按照屏幕的显示进行打印,也可以打印选定部分,如框架。另外,还可以指定打印页眉和页脚中的信息,如标题、网页地址、日期、时间和页码。

3. IE 的操作与使用

(1) 配置计算机使用代理服务器访问 Internet

在“工具”菜单中,单击“Internet”选项,单击“连接”选项卡,再单击“局域网设置”按钮,在“代理服务器”区域,选择“为 LAN 使用代理服务器”复选框。然后键入所选的代理服务器地址。若单击“高级”按钮,可分别对 HTTP、FTP、Gopher、Secure、Socks 设置代理。

(2) Internet 浏览技巧,查看和组织页的技巧

通过关闭图片、声音或视频选项可加快网页的显示速度;如果要经常查看某一页,可以将其添加到收藏夹中,或在桌面上创建指向该页的快捷方式。

(3) 将信息从当前页复制到文档

选择要复制的信息或者要复制整页的内容,单击“编辑”菜单,单击“全选”。在“编辑”菜单上,单击“复制”。打开要放置的文档,单击文档下“编辑”菜单中“粘贴”命令即完成信息的复制。

(4) 保存 Internet 上的网页

如果要保存正在浏览的网页,可以在“文件”菜单上,单击“另存为”。双击用于保存网页的文件夹,并在“文件夹”框中,键入网页名称。

在“保存类型”下拉选框中,选择文件类型。选择“网页,全部”或“Web 档案,单一文件”将完整保存网页信息,其中“Web 档案,单一文件”将网页保存到一个 mht 文件中;选择“网页,仅 HTML”将保存网页信息,但不保存图

像、声音或其他文件；选择“文本文件”将以文本格式保存网页信息。

4. IE收藏夹的使用

Internet Explorer 浏览器的收藏夹功能，可以帮助用户把要收藏的网址分门别类记录在内，方便用户在任何需要的时候快速打开所需的网页，其中包括“添加到收藏夹”和“整理收藏夹”。

（1）添加到收藏夹

“添加到收藏夹”设置中，可以让 Internet Explorer 将用户想要保存的网页添加到收藏夹的列表中。

当浏览到想收藏的网页时，单击“收藏”菜单→“添加到收藏夹”。系统弹出“添加到收藏夹”对话框（图 4－5），选择文件夹后（如：学习），单击“确定”按钮。

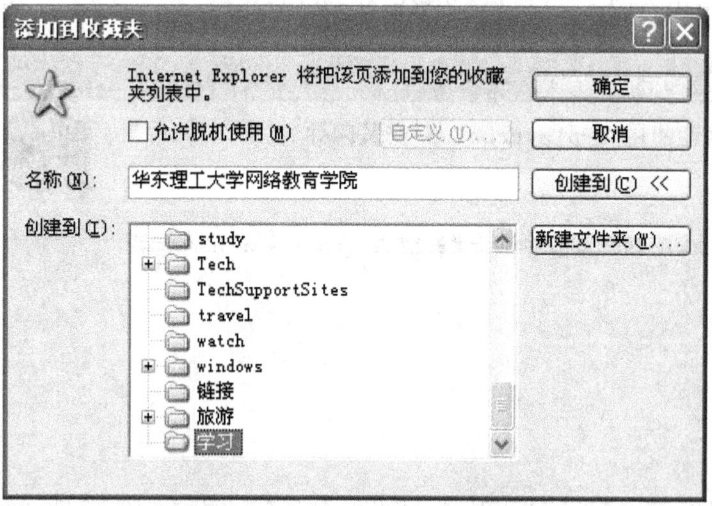

图 4－5 添加到收藏夹对话框

（2）整理收藏夹

单击“收藏”菜单→“整理收藏夹”，打开“整理收藏夹”对话框，对收藏夹进行管理。

为了方便查找链接，可以把相关的链接放在一个文件夹下。单击“创建文件夹”按钮，可以创建新的文件夹，比如可以创建学习、娱乐等文件夹，然后把相关的网页链接分别存在不同的文件夹中。

（3）操作说明

收藏夹列出了收藏的网页以便快速查看。每次需要打开该页时，只需单击工具栏上的"收藏夹"按钮,然后单击收藏夹列表中的网页地址,即可打开所需网页。

4.4.4 安装课件播放控件

通过浏览器在线点播阅读课件需要安装课件播放控件,可以通过下载安装包手动安装控件和自动安装控件两种方法,鉴于自动安装控件的方法受 Internet Explorer 安全设置影响较大且设置较为复杂,建议优先使用下载安装包手动安装控件的方式。

1. 下载安装包安装

(1) 进入学院网站首页→学习园地→常用软件下载栏目中,下载"课件播放控件",该控件适用于 Windows 2000/XP/Vista 系统。下载后将文件解压并运行,出现图 4-6 所示"安装向导"界面,点击"下一步"。

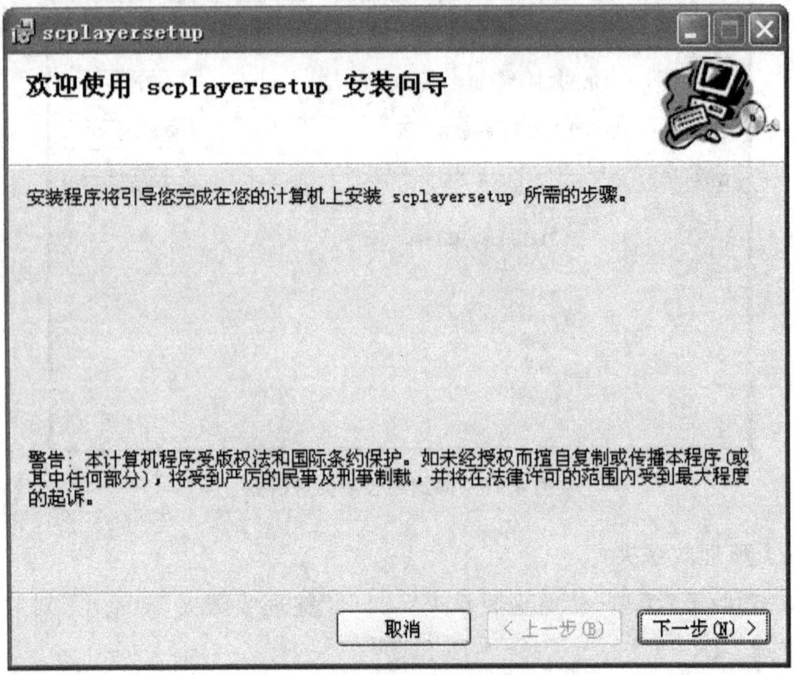
scplayersetup
欢迎使用 scplayersetup 安装向导
安装程序将引导您完成在您的计算机上安装 scplayersetup 所需的步骤。
警告：本计算机程序受版权法和国际条约保护。如未经授权而擅自复制或传播本程序(或其中任何部分)，将受到严厉的民事及刑事制裁，并将在法律许可的范围内受到最大程度的起诉。
取消
< 上一步(B)
下一步(N) >

图 4-6 课件播放控件安装向导

(2) 出现图 4-7 所示的"选择安装文件夹"界面,一般选择默认路径即可。注意在此界面下方的选项,如果希望使用该计算机的人(所有账号)都能够正常点播课件,请选择"任何人",否则选择"只有我",点击"下一步"。

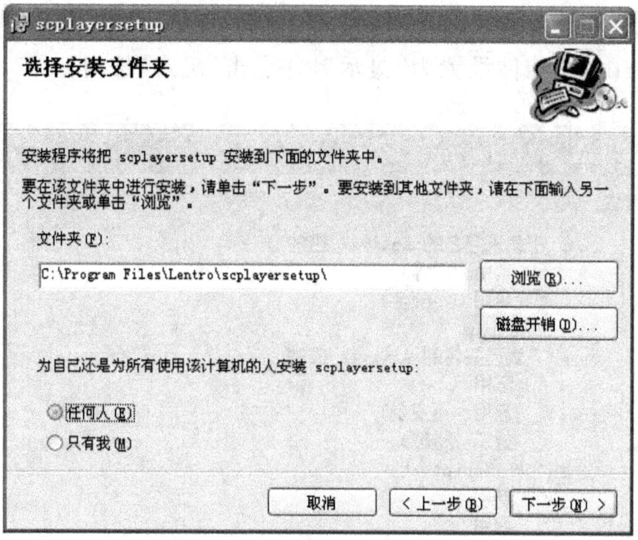

图 4-7 课件播放控件安装路径选择

(3) 按出现界面提示连续点击“下一步”，直到出现“安装完成”界面，点击“关闭”按钮即可。

2. 自动安装

(1) 单击“工具”菜单→Internet 选项。在 Internet 选项界面(图 4-8)中，切换到“安全”选项卡，单击“自定义级别”按钮。

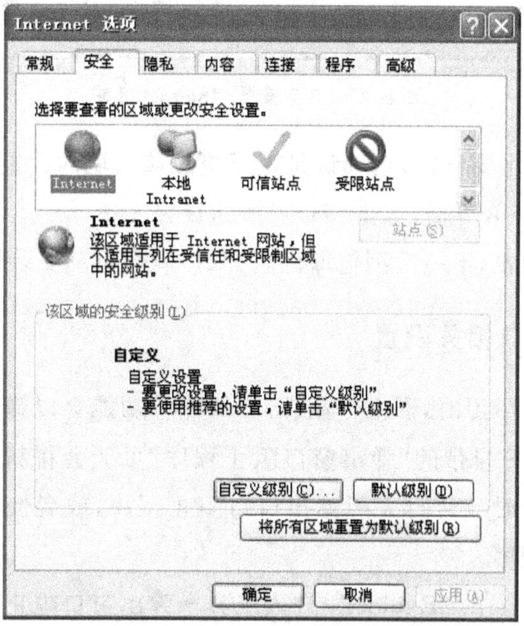

图 4-8 Internet 选项

(2) 在弹出的安全设置界面(图 4-9)中,将 ActiveX 控件和插件→下载未签名的 ActiveX 控件设置为“提示”,并点击“确定”按钮。

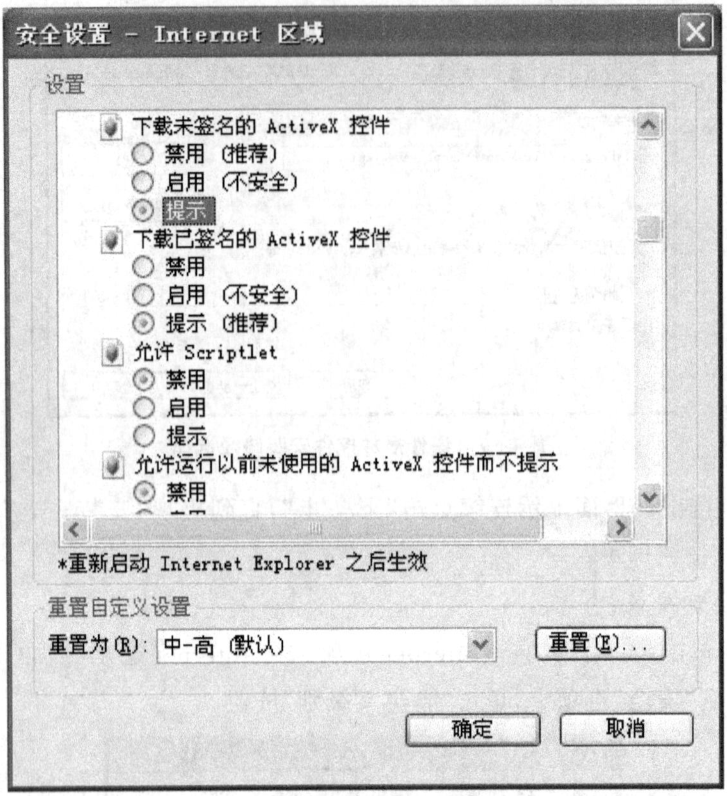

图 4-9 安全设置-Internet 区域

(3) 系统弹出警告窗口,确认是否要更改该区域的设置,点击“是”按钮。系统会返回图 4-8 界面,点击“确定”按钮设置完毕。

经过以上设置,下一次浏览课件页面时,就会自动安装课件播放控件。

4.4.5 弹出窗口相关设置

在进行网上学习时,网上作业、阶段练习等功能会以弹出窗口的形式出现在新窗口中,IE 自带的“弹出窗口阻止程序”可能会将新窗口屏蔽。因此在进行网上学习时应暂时关闭弹出窗口阻止程序,或者按照以下步骤设置弹出窗口阻止程序。

(1) 打开 Internet Explorer,进入工具→弹出窗口阻止程序→弹出窗口阻止程序设置(图 4-10)。

(2) 在"弹出窗口阻止程序设置"界面中，在"要允许的网站地址"中录入" * .ecustmde.com"并单击"添加"按钮，将该站点加入到允许弹出窗口的站点中。

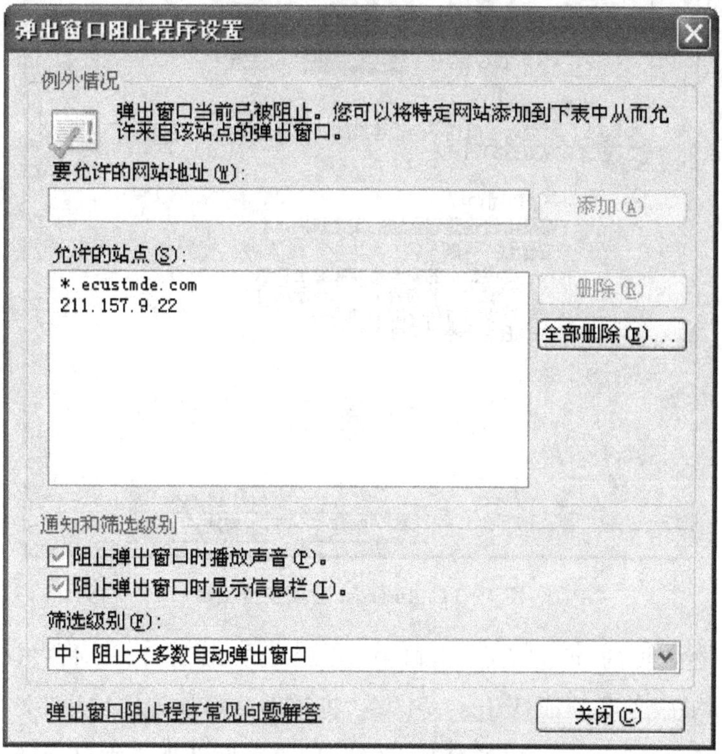

图 4 - 10　弹出窗口阻止程序设置

需要注意的是，不仅 IE 自带的"弹出窗口阻止程序"可能会屏蔽弹出窗口，"上网助手"及部分杀毒软件和防火墙都可能屏蔽弹出窗口。所以，如果弹出窗口被屏蔽，还应该考虑这些软件的相关设置。

4.4.6　信任站点设置

在登录华东理工大学网络教育学院网站学习前，可将网院网站设为信任站点，以便日后经常使用，需要在 IE 中作如下设置：

(1) 打开 Internet Explorer，单击"工具"菜单→Internet 选项。在 Internet 选项界面中，切换到"安全"选项卡(图 4 - 11)，单击"受信任的站点"，单击"站点"按钮。

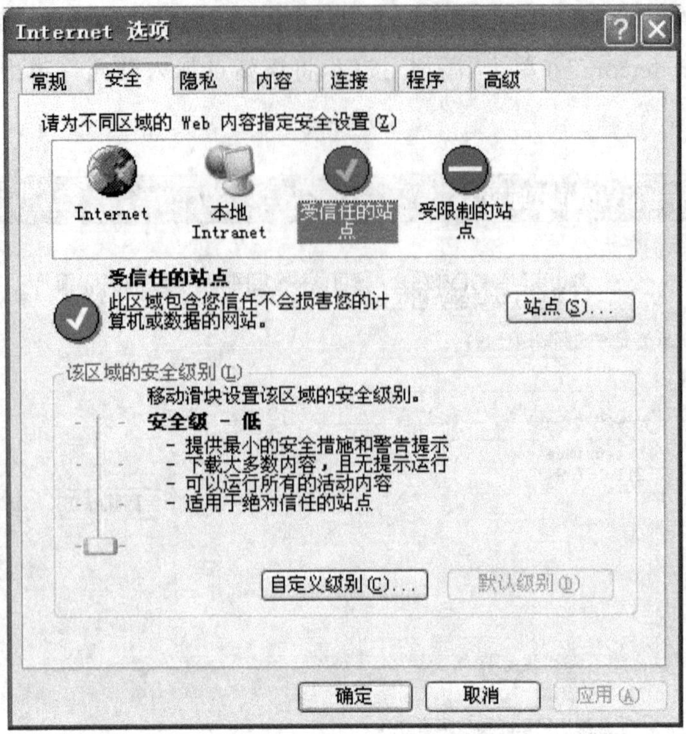

图 4-11 Internet 选项安全设置

(2) 在出现的“可信站点”窗口中(图 4-12),取消勾选“对该区域中的所有站点要求服务器验证(https:)”。在“将该网站添加到区域中”文本框中输入“ * .ecustmde.com”,点击“添加”按钮,即可将网站加入到可信站点中。

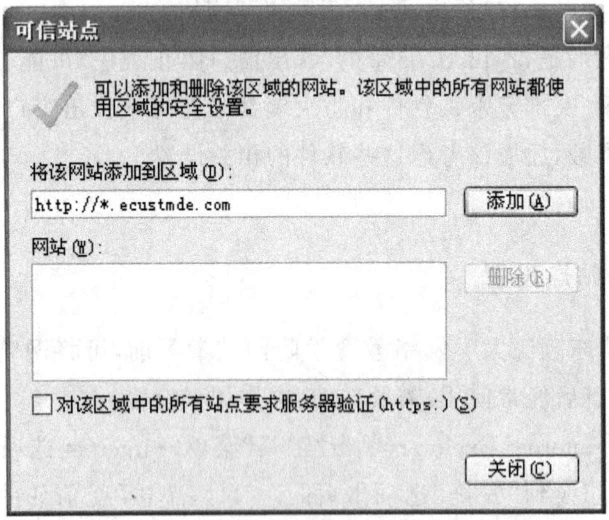

图 4-12 可信站点设置窗口

复习思考题

1. 计算机网络按网络覆盖范围大小分哪几类？

2. 计算机网络主要由哪几部分组成？

3. TCP/IP 协议分别规定了什么内容？

4. 请写出商业机构、教育机构、政府机构、中国、中国台湾的顶级域名。

5. 个人接入 Internet 一般使用哪些方式？ADSL 接入方式和局域网接入方式各有哪些优点？

6. 如何在 IE 浏览器中设置自己的主页？

7. IE 浏览器的收藏夹有哪些功能？

8. 安装课件播放控件有几种方法？应优先采用何种方法？

9. 在进行网上学习时，发生网上作业、阶段练习等功能被屏蔽，可采用什么方法解决？

10. 在将网站设置为可信站点时，应取消“可信站点”窗口中哪个条目的勾选？

第5章

电子邮件和数字图书馆

5.1 电子邮件的使用

电子邮件是 Internet 最早也是最重要的应用之一。与传统的邮件相比,使用电子邮件收发信息不仅快捷而且经济。学生进入华东理工大学网络教育学院学习后,学院会为每个学生开通一个学生账户,该账户的初始用户名和密码即为学生报名时填写的用户名和密码。使用该账户不仅可以登录学生平台,还可以使用同名的网院电子邮箱。例如学生在报名时填写了用户名 student 并成功进行网上报名,录取后,该学生就拥有了地址为 student@ecustmde.com 的电子邮件,该电子邮件地址在学生毕业后才予以注销。

5.1.1 在线收发电子邮件

1. 接收阅读电子邮件

在华东理工大学网络教育学院网站首页点击“登录邮箱”(图 5-1),弹出如下身份认证窗口,输入用户名和密码后点击“确定”就可以进入在线邮箱。

如图 5-2 界面默认显示收件箱内的邮件。双击邮件主题就可以在新窗口内查看邮件内容。

如果要查看附件,可以单击附件,系统弹出“文件下载”对话框,如果选择“保存”,系统会弹出“另存为”对话框,选择文件保存路径即可将文件保存到本地。

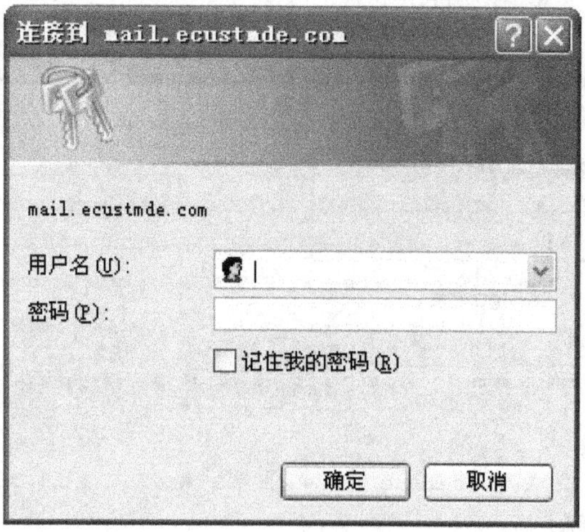

图 5－1　登录邮箱身份认证界面

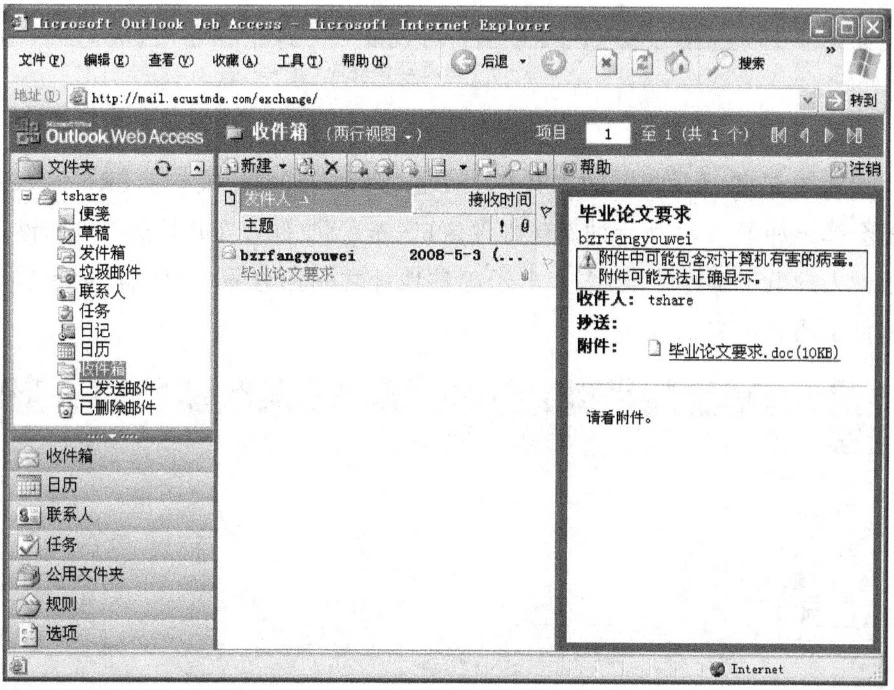

图 5－2　Outlook Web Access 界面

2. 回复电子邮件

如果要回复某人的邮件，在工具栏上单击“答复”图标，系统就会弹出如图 5－3 所示答复邮件界面。输入回复内容后，点击界面左上角的“发送”

按钮即可将邮件回复给发件人。

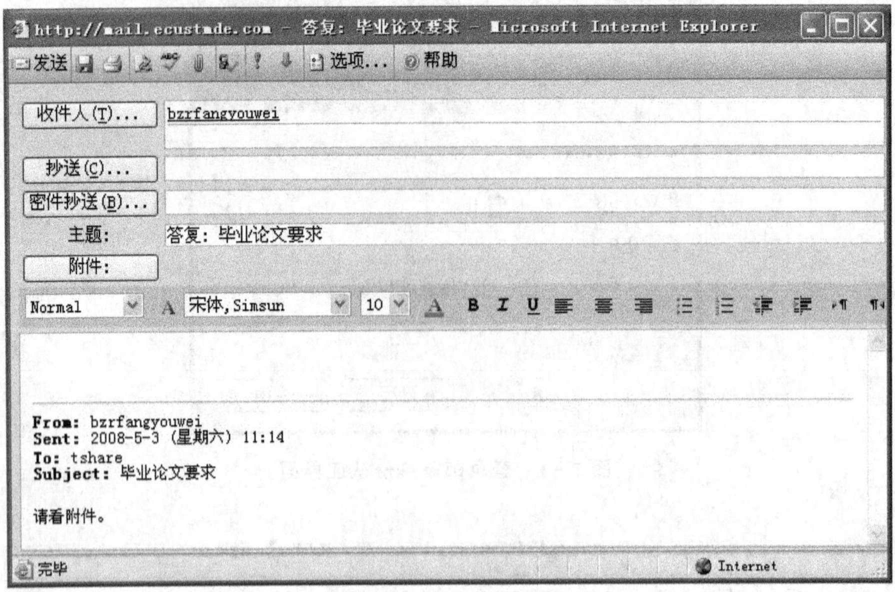

图 5-3　回复邮件界面

3. 新建电子邮件

在图 5-2 所示界面的工具栏上单击“新建”按钮或按 CTRL+N，系统会弹出如图 5-4 所示的新建邮件窗口，先在“收件人”和“抄送”框中，键入收件人的电子邮件地址，多个电子邮件地址之间用分号(;)分隔；然后输入邮件主题和正文。

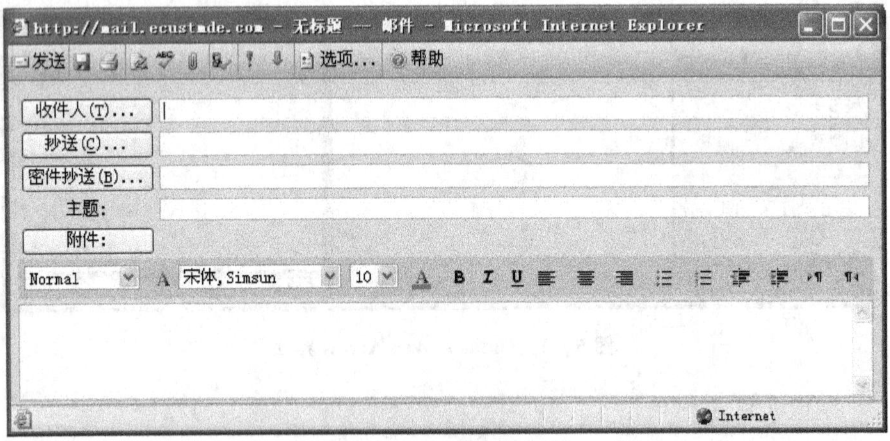

图 5-4　新建邮件窗口

如果需要发送附件，按以下步骤操作：

(1) 单击工具栏上的“添加附件”📎或“附件”按钮。

(2) 在图 5－5 所示“附件”对话框中的“选择要附加的文件”下键入文件路径，或者单击“浏览”定位该文件。

(3) 单击“附加”。该文件将出现在“当前附件”下。如果需要删除附件，在“当前附件”下，选择要删除的文件旁边的复选框，单击“删除”。对其他要附加的文件重复步骤 1 至 3。所选的文件将显示在“附件”旁边的标题中。

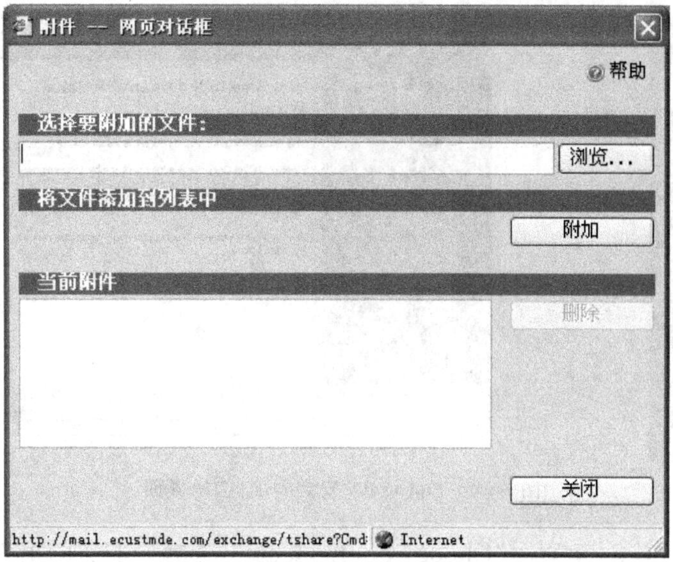

图 5－5　附件对话框

注：如果使用客户端收发邮件，POP3、SMTP 地址都是 mail.ecastmde.com

5.2　数字图书馆的使用

为了给学生提供更多的学习资源，拓宽专业视野，学院为学生开通了数字图书馆，方便查阅各类学习资料和学术论文。要浏览数字图书馆网页，校内用户可直接登录校图书馆网站（http://www.lib.ecust.edu.cn/）进行访问，校外用户则需要使用 OpenVPN 软件。

5.2.1　OpenVPN 的安装

(1) 从学院网站首页学习园地→常用软件下载栏目中，下载 OpenVPN 客户端软件包。解压后，双击安装程序 OpenVPN-2.0.7-gui-1.0.3-install.exe，运行 OpenVPN 安装程序。根据 OpenVPN 版本不同，安装程序名称可能不同。

(2) 在图 5－6 所示的安装界面上,点击 Next 按钮。在“License Agreement”界面,点击“I Agree”按钮。

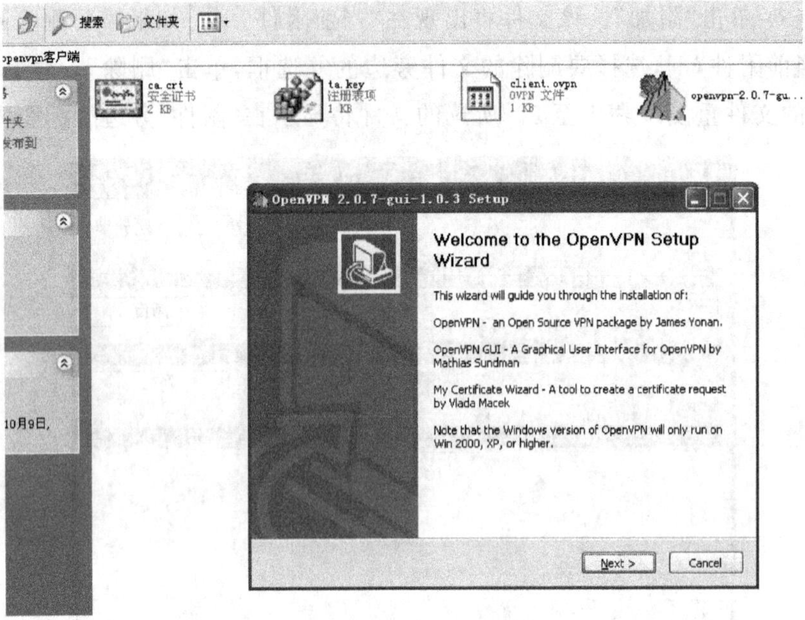

图 5－6 OpenVPN 安装界面(初始界面)

(3) 在图 5－7 所示“Choose Components”(选择要安装的组件)界面,点击“Next”按钮。

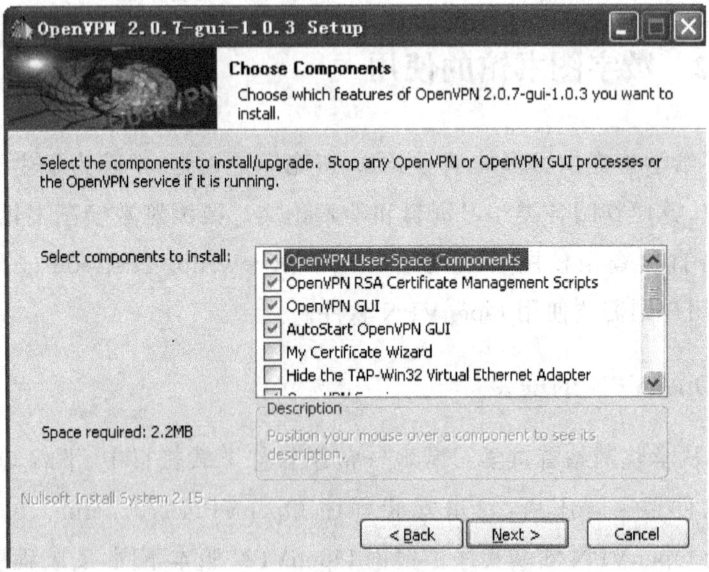

图 5－7 OpenVPN 安装界面(组件选择)

(4) 在图 5-8 所示"Choose Install Location"(选择安装位置)界面,选择默认路径,点击 Install 按钮进行安装。至此,OpenVPN 软件安装结束。

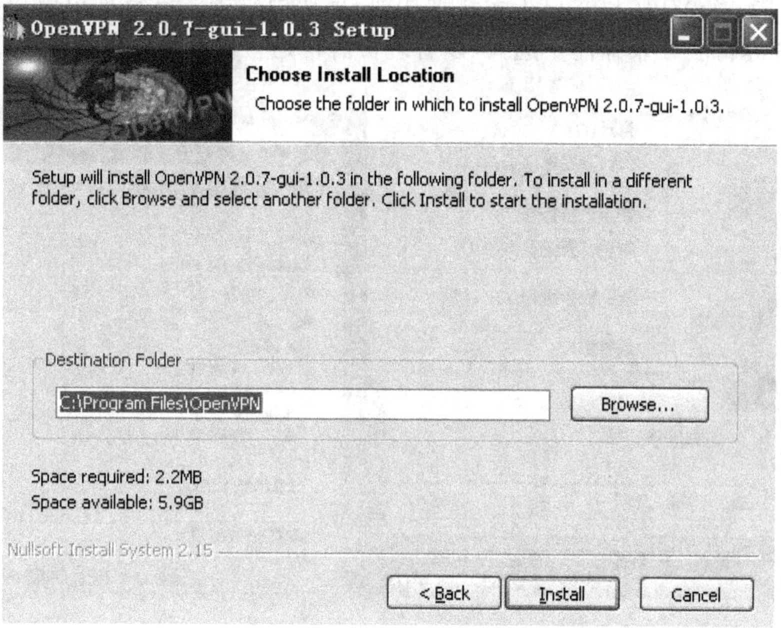

图 5-8　OpenVPN 安装界面(路径选择)

5.2.2　OpenVPN 的配置

将下载的 OpenVPN 客户端文件夹中的 ca.crt、ta.key、client.ovpn 复制到 OpenVPN 的安装文件夹的 config 目录里。默认安装目录为 C:\Program Files\OpenVPN\,请根据实际情况找到相应的目录。

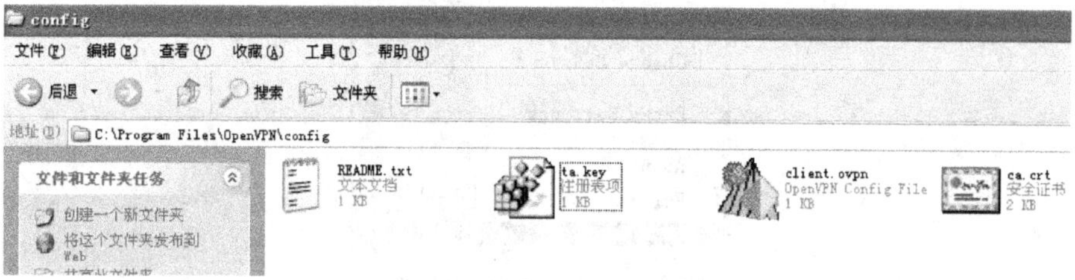

图 5-9　OpenVPN 配置文件复制

5.2.3 OpenVPN 的使用

VISTA,Win7 以及以上系统使用时,请使用右键→以管理员身份运行,或者右键属性→兼容性→选择(以管理员身份运行此程序)(图 5-10)。

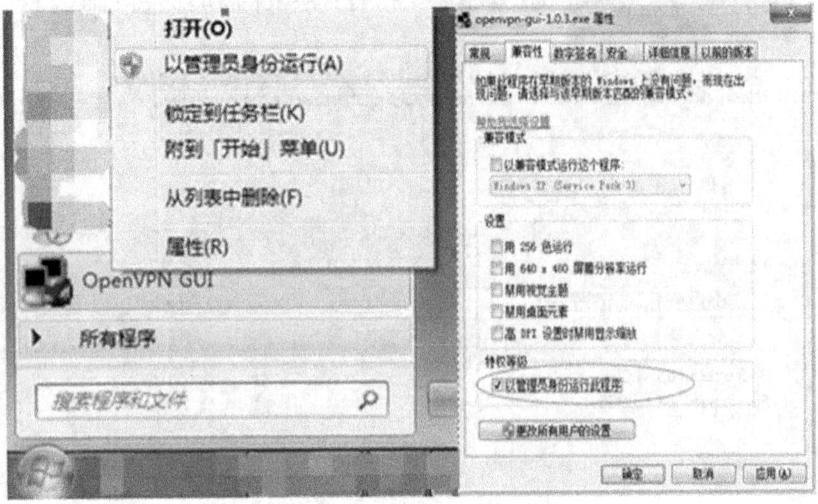

图 5-10 win7 以及以上操作系统运行方法

运行 OpenVPN 以后在右下角任务栏可以看到 OpenVPN 的图标,右键单击图标,在图 5-11 所示菜单中选择 Connect。

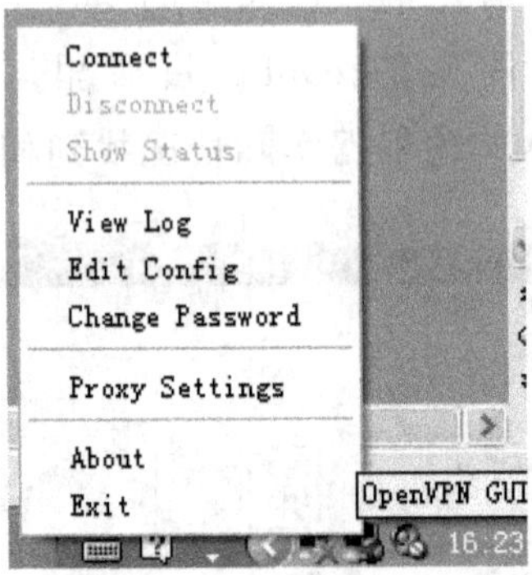

图 5-11 OpenVPN 右键菜单

稍后,程序弹出如图 5-12 所示用户名口令的对话框,输入与登录学生平台同样的用户名及密码,并点击"OK"按钮。

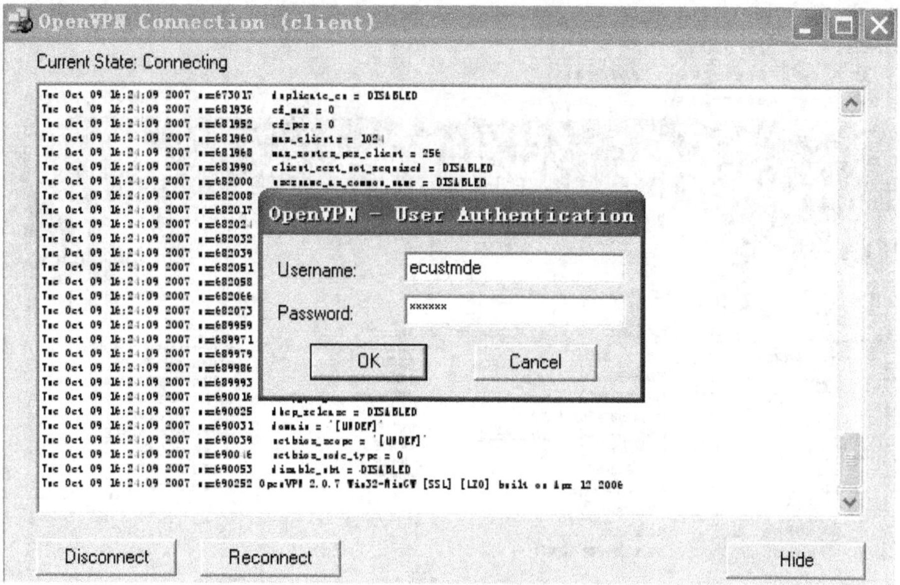

图 5 - 12 OpenVPN 用户认证

系统自动登录最小化到屏幕右下角并显示已连接(图 5 - 13),OpenVPN 的图标也变成绿色,这时就可以正常访问学校图书馆的资源了。

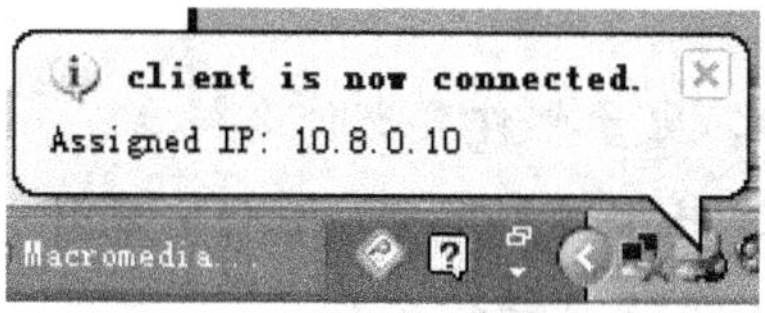

图 5 - 13 OpenVPN 连接提示

在 IE 地址栏中输入学校图书馆网站的地址 http://202.120.96.42,就能搜索文献了(图 5 - 14),常用的中文数据库有维普中文科技期刊、万方数据资源系统等。网址如下:

(1) 万方数据资源系统(本地镜像) http://202.120.96.29/;

(2) 中国期刊(清华同方本地镜像) http://202.120.96.59/kns50/Navigator.aspx? ID=266;

(3) 维普镜像 http://202.120.96.32/。

图 5-14 华东理工大学图书馆首页

复习思考题

1. 与传统邮件相比,电子邮件具有什么特点?
2. 浏览学校数字图书馆网页需要安装什么软件?
3. 学校图书馆网站的地址是什么?

第6章

文件的下载

在远程教育的学习过程中，学生经常需要通过网络访问把一些学习资源（如参考资料、课件、作业等），从远程服务器接收到本地计算机上进行学习，这称为文件下载；反之，也需要把完成的作业和相关材料通过网络传送至远程服务器，这称为文件上传。文件上传和下载的方式主要有 HTTP 和 FTP 两种。下面主要介绍如何使用 FTP 方式完成文件的下载。

6.1 FTP 下载相关设置

FTP 服务器地址：ftp.ecustmde.com

端口：21

学生账号用户名：ecustedu

学生账号密码：ecustedu

每个 IP 最多同时允许 2 个下载线程。

6.2 FTP 文件夹的主要内容及说明

以学生账号登录 FTP 服务器后，将看到图 6-1 所示界面。

其中各文件夹内容如下：

1. 学期考前辅导文件夹

主要提供当前学期全部直播、录播以及部分更新课程的考前辅导课件下载。本、专科的课件文件夹均会注明本、专以便区分。

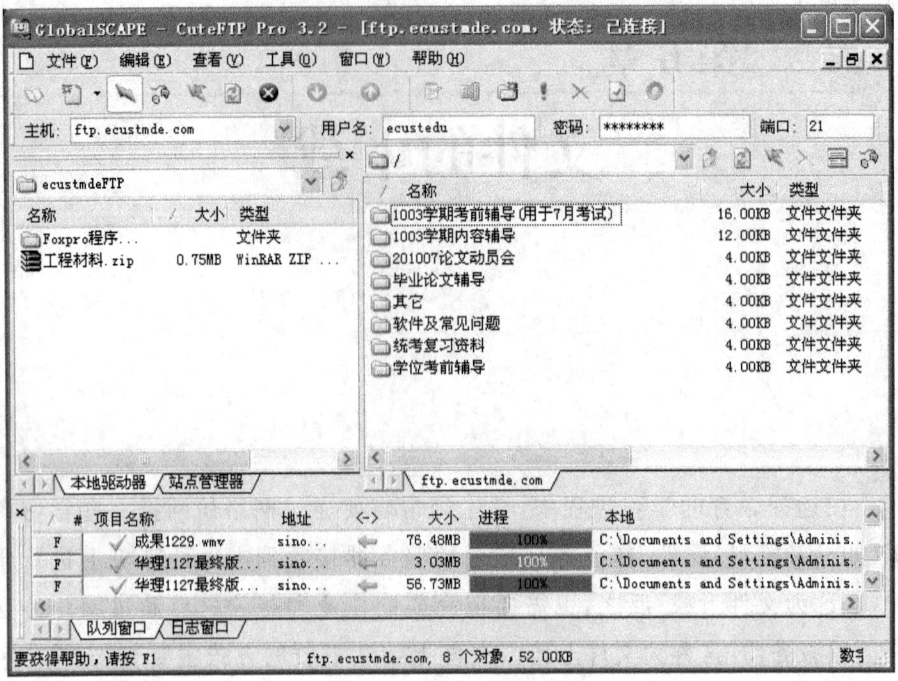

图 6-1　CutoFTP Pro 界面

2. 学期内容辅导文件夹

主要用于提供当前学期实时直播、录播课件前三次的课程辅导。

3. 软件及常见问题文件夹

包含 FTP 客户端软件工具、音视频答疑软件及课件播放控件安装包等。

4. 统考复习资料文件夹

全国统一考试科目复习资料。

5. 学位考前辅导

主要提供学位考试考前辅导课件。

6. 手机课件

主要提供部分适合于手机移动端播放的课件下载。

6.3　用 FTP 下载教程

推荐使用 FTP 工具下载学院 FTP 服务器中的学习资料，如 Cute FTP

(网站首页常用软件下载栏目提供下载)等。下面以 CuteFTP Pro 软件为例作简单介绍,其他软件的操作与此类似。

1. 新建 FTP 站点

运行软件并将左边的窗口切换到"站点管理器"页面,点击"文件"菜单,选择"新建"→"FTP 站点",见图 6-2。

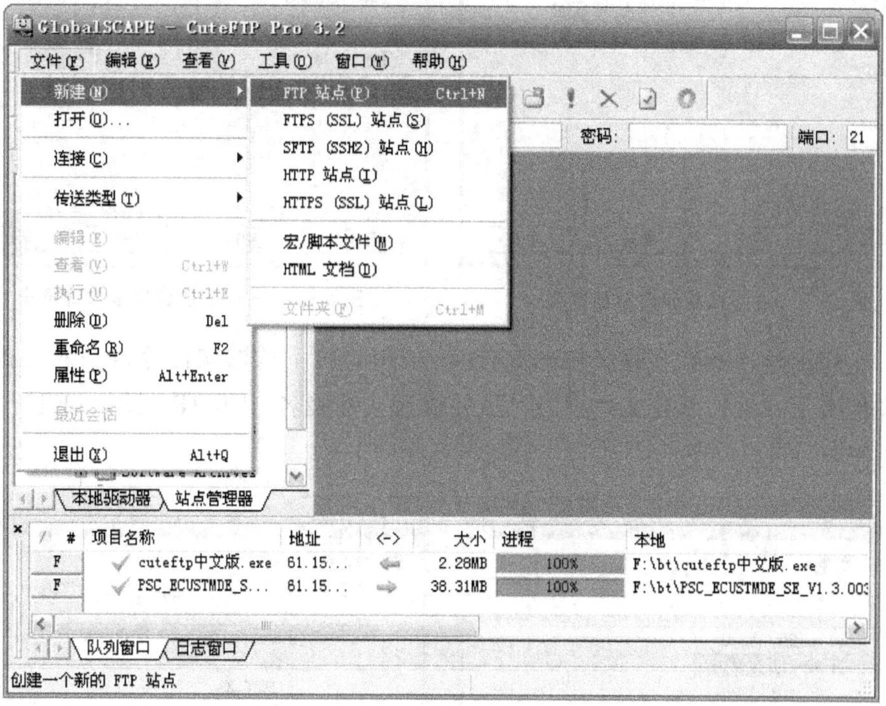

图 6-2　CuteFTP 新建菜单

(1) 设置站点属性

出现"站点属性"窗口(图 6-3)。在"常规"选项卡下,"标签"文本框中录入新 FTP 站点的名字,例如"华东理工大学网络教育学院 FTP";在"主机地址"文本框中录入 FTP 服务器的地址 ftp.ecustmde.com;在用户名文本框中录入 ecustedu;在密码文本框中录入 ecustedu。

(2) 设置本地文件夹

切换到"操作"选项卡(图 6-4),在"客户端连接时,切换到该本地文件夹"文本框中录入你要存放下载文件的本地文件夹路径。

或点击右方的文件夹图标按钮以选择下载文件存放的本地文件夹,点击后弹出如图 6-5 所示窗口。

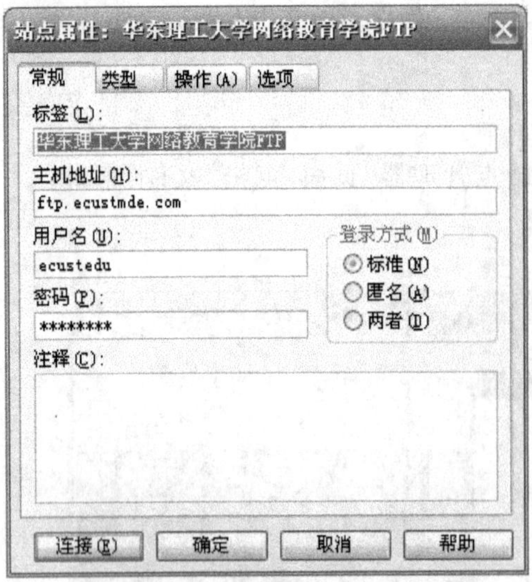

图6-3　站点属性窗口常规选项卡

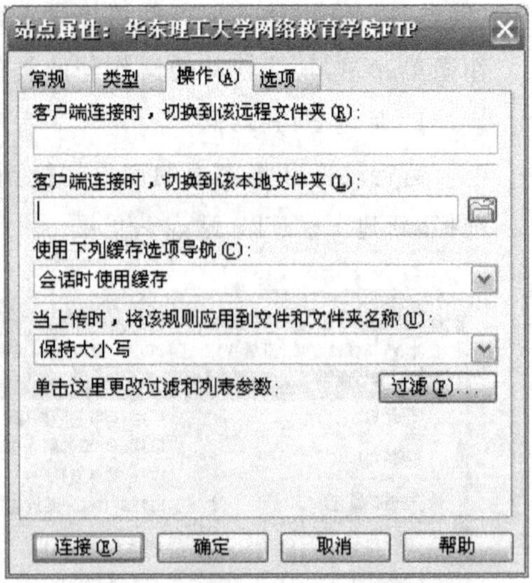

图6-4　站点属性窗口操作选项卡

在窗口内选择存放文件的文件夹，如果要将下载的文件存放在新建的文件夹下，单击“新建文件夹”按钮，并输入文件夹名，比如“EcustmdeFTP”，见图6-6。

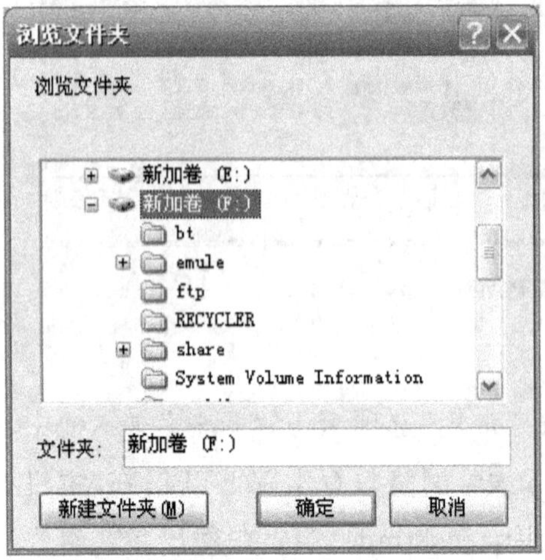

图6-5　选择下载文件存放的文件夹

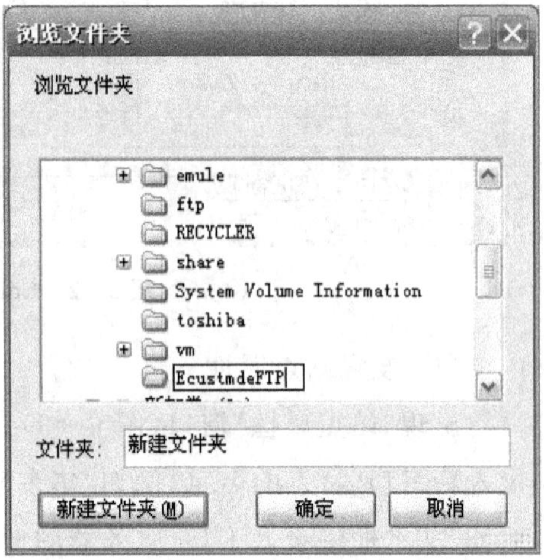

图6-6　新建文件夹

点击“确定”按钮，返回“操作”选项卡界面(图6-7)。

(3) 设置线程选项

点击“选项”选项卡。在“站点特殊配置选项”下拉列表框中选择“使用站点特别选项”(图6-8)，将“每个该站点最大连接”设置为2，即同时最多允许2个线程下载。

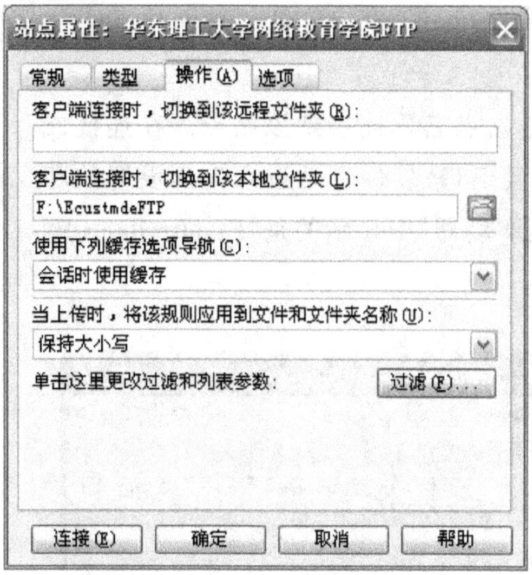

图 6-7　操作选项卡
(已选择下载文件存放的本地文件夹)

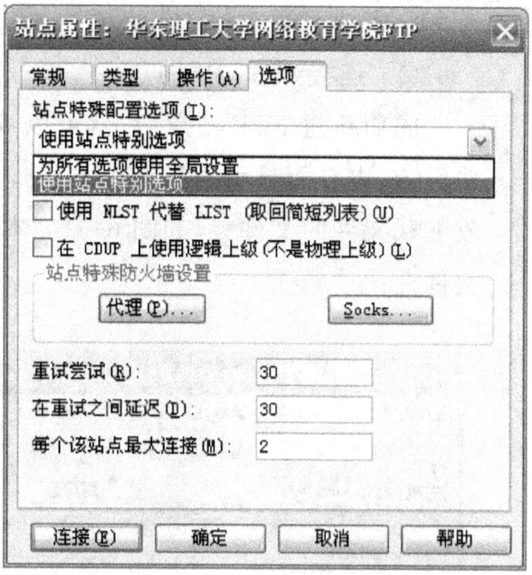

图 6-8　"选项"选项卡

点击确定按钮，返回 CuteFTP Pro 主界面。左边的"站点管理器"列表中，就增加了"华东理工大学网络教育学院 FTP"站点，见图 6-9。

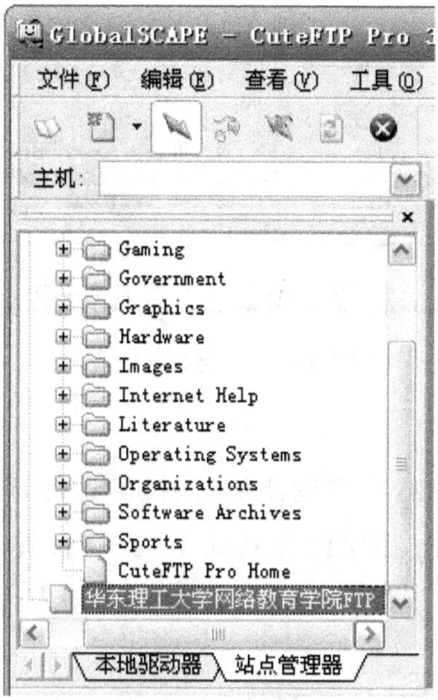

图 6-9　站点新建完成

2. 下载文件

(1) 连接到 FTP 站点

成功新建 FTP 站点后,就可以双击站点名称连接到该站点。在连接成功后,右边界面显示的是 FTP 内容,并且 FTP 软件自动进入先前设置的存放下载文件的文件夹,如图 6-10“本地驱动器”中显示的是“EcustmdeFTP”文件夹。

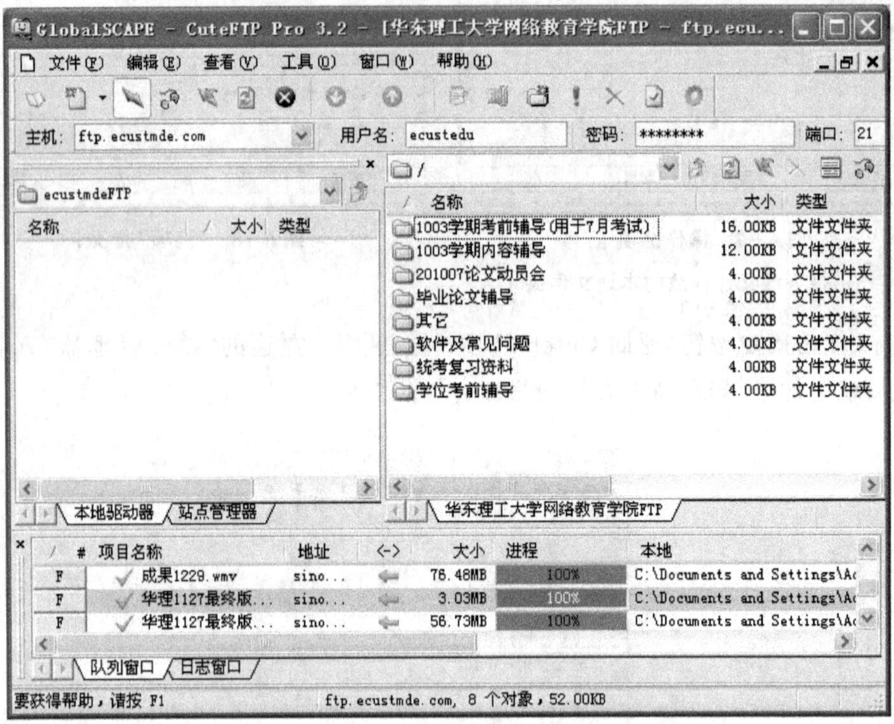

图 6-10 连接到 FTP 站点

(2) 下载文件

如果要下载“Foxpro 程序设计基础 1003”课件,可双击进入学期内容辅导文件夹,找到“Foxpro 程序设计基础 1003”文件夹,点击鼠标右键后在弹出的快捷菜单中选择“下载”(图 6-11),或者直接按住鼠标将课件拖曳至左侧本地文件夹中。

点击“下载”后,如图 6-12 所示主窗口下方的“队列窗口”中增加了这门课件的下载任务并开始下载。从左方的本地文件夹内也可以看到,相同的文件夹已建立。

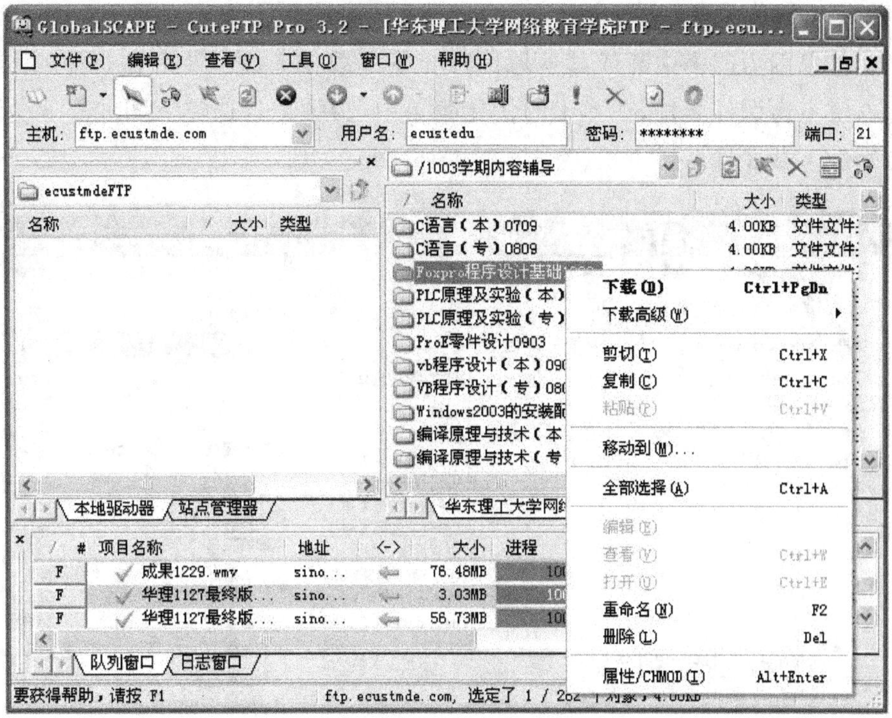

图 6-11　右键快捷菜单

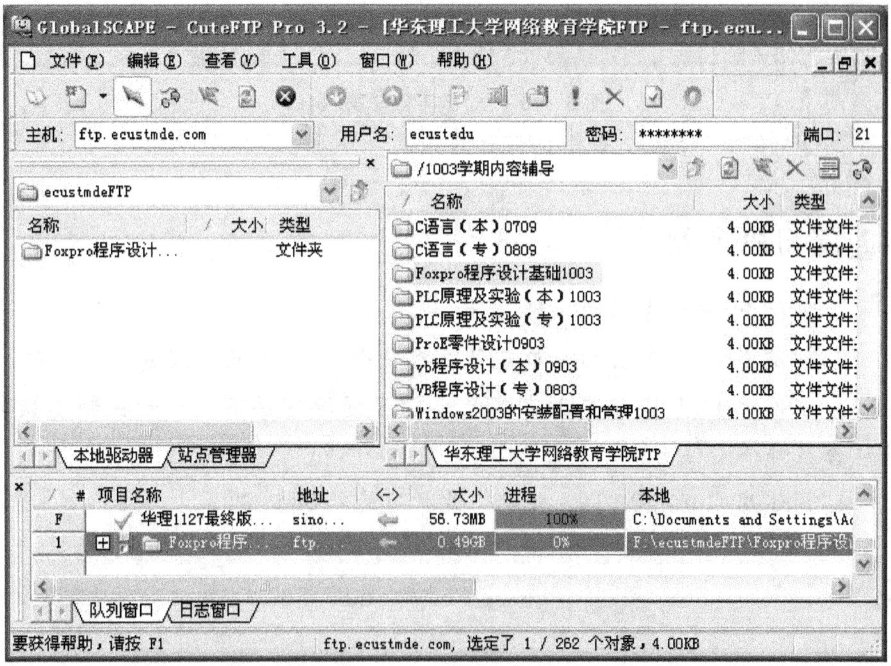

图 6-12　“开始下载任务”窗口

(3) 续传文件

如果因为网络中断或其他原因停止了下载任务,在“队列窗口”中用鼠标右键点击课件名称,在弹出的快捷菜单中选择“传送选定”(图 6－13),即可继续下载课件。

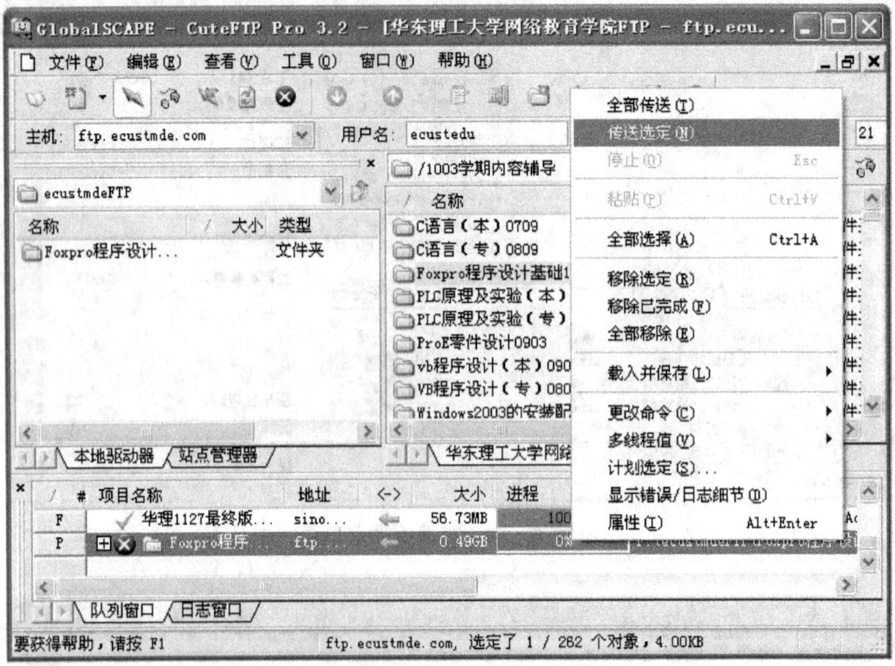

图 6－13　“继续下载任务”窗口

复习思考题

1. 网院 FTP 服务器的地址是什么?

2. 网院 FTP 服务器的端口是什么? 每个 IP 限制几个线程同时下载?

3. 在网院 FTP 服务器上有哪几类学习资源可供下载? 音视频答疑软件包含在哪个文件夹中?

4. 简述用 CuteFTP Pro 软件下载学习资料的步骤。

第7章
学院网站与学生平台简介

远程教育的平台化管理与平台化学习支持是国际远程教育的发展潮流。为了帮助学生适应新的学习形式，尽快掌握使用平台学习的技能，本章将简要介绍学院网站和学生平台的主要功能及其使用方法。

7.1 学院网站

华东理工大学网络教育学院网址为：www.ecustmde.com，网站综合提供学院公共信息、学院动态和教学及管理平台入口，首页界面如图7-1所示。

网站首页上常用的有以下几部分：

1. 网院公告

学院最新的文件和通知都会出现在公告栏中，如统考报名通知、实时直播课程通知、学位授予通知、网站维护通知等，学生应经常访问学院网站查看公告栏相关信息。

2. 学习日历

各项教学活动安排的起止日期。

3. 学员须知

包括免修、代修、缓考、退学、转专业等方面内容的学籍管理规定，学生学习过程考核管理办法，优秀生和优秀毕业生评选办法等。

4. 精品课程

包含学院历届参选国家及各级精品课程的各种优秀课件入口。

图 7-1　学院网站首页

5. 学习园地

学习园地各个栏目中的内容都是学生平时学习过程中经常要用到的。

专业教学计划——本学期各专业开设的课程信息；

教材信息——本学期各专业使用的教材信息；

常用表格下载——提供学籍类、课程类、论文类和荣誉类等常用表格的下载；

FTP下载中心——各种课程的辅导课件、统考辅导课件及学位考前辅导课件都放在学院FTP服务器上，可在此栏目中查看FTP下载的设置和说明；

本科毕业环节——本科毕业环节安排和注意事项等；

互选互认——选修其他学校课程；

学位考试——本科层次学生申请学士学位的管理规定及申请流程、学位考试科目和考试大纲等；

统考——统考须知和统考文件资料；

网上作业操作流程——网上作业操作流程；

课程考试安排——课程考试规则和说明；

实时直播与在线答疑——实时直播和在线答疑安排；

中心课程安排总表——各教育中心组织收看课程课件和面授辅导日程安排汇总；

实验实训——实验实训相关要求、起止时间公告和操作方法等。

6. 网上导学

学生平台使用指南——有关学生平台中各项功能的使用说明；

课件学习常见问题——课件点播学习过程中常见问题的解决办法；

常用软件下载——提供课件播放控件、压缩软件、播放器及其他相关软件的下载。

7. 教育中心通知

各教育中心针对本中心学生的信息和活动安排发布在此栏目中，如上交作业通知、考试安排或者调课通知等，学生需经常查看。

7.2 学生平台

学生平台是学生进行网络学习的专用空间，其主要功能包括学习管理和信息查询两大类。

在学院网站首页右上方点击“学生平台”后，会弹出如图7-2所示的身份认证页面，输入账号和密码及验证码就可以进入学生平台。

图7-3即为进入后的学生平台初始界面，左边是功能树，右边是内容显示区域。单击左边栏的功能，就会在右边的内容区显示出相应的功能界面。

图 7-2　学生平台登录界面

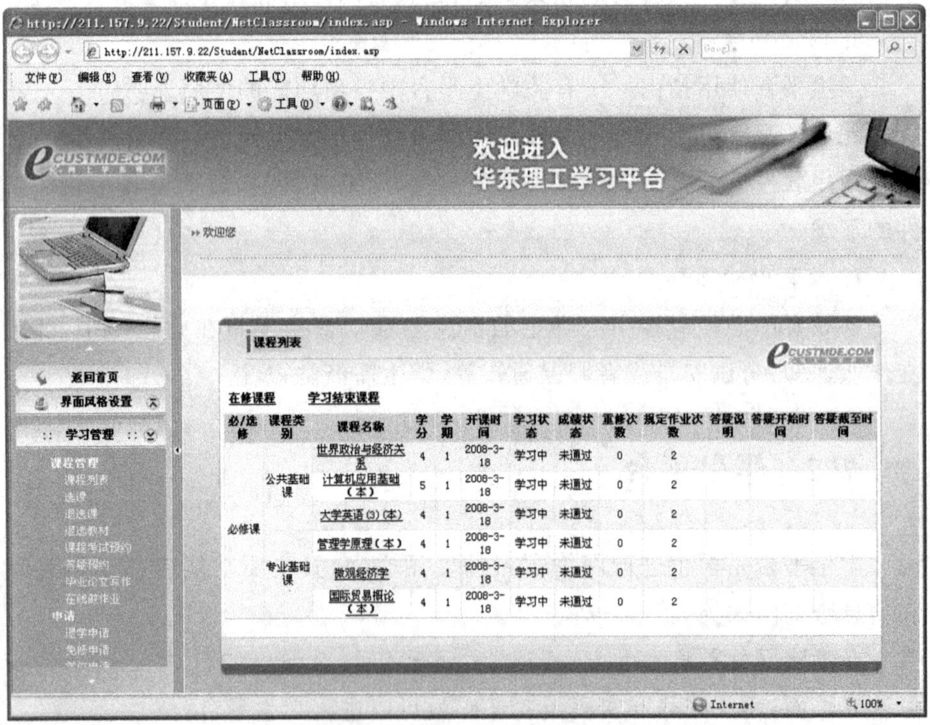

图 7-3　学生平台初始界面

图 7-4 显示的是学生平台功能树,包含了课程列表、考试预约、答疑预约、毕业论文写作、在线做作业、考试成绩查询、学习过程记录等各项功能。

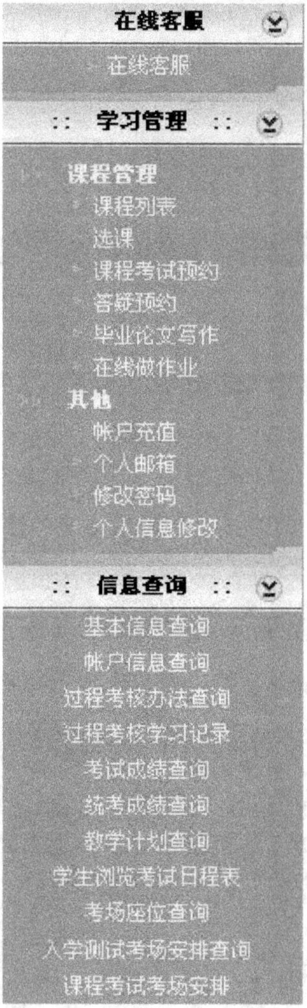

图 7-4　学生平台功能树

7.2.1　学习管理的操作

1. 课件点播

登录学生平台后，在图 7-5 的课程列表界面，点击课程名称链接就可以进入课程相关信息界面，如图 7-5 所示。

单击该界面上“课件点播”按钮，即可开始学习课件。如图 7-6 所示为大学英语(3)(本)课程课件的点播界面。

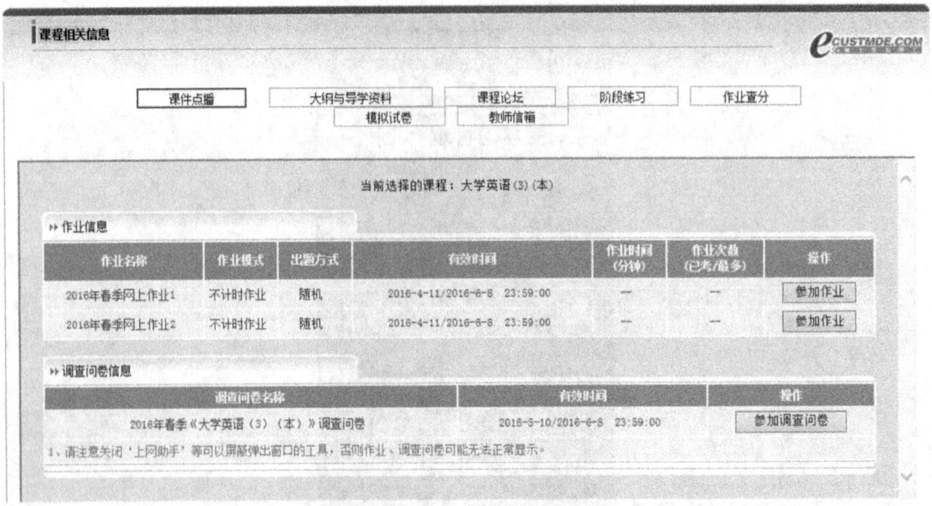

图 7－5　课程相关信息界面

图 7－6　课件点播界面

2. 课程论坛

BBS(电子布告栏系统)是学生交流和答疑的有效平台，学生可以在 BBS 上发布学习心得、交流学习体验，也可以提出自己学习上的疑问或者回答其他学生的问题。

点击图 7－7 上“课程论坛”按钮，系统将在弹出窗口中显示当前课程的论坛，并自动以学生平台用户登录论坛。

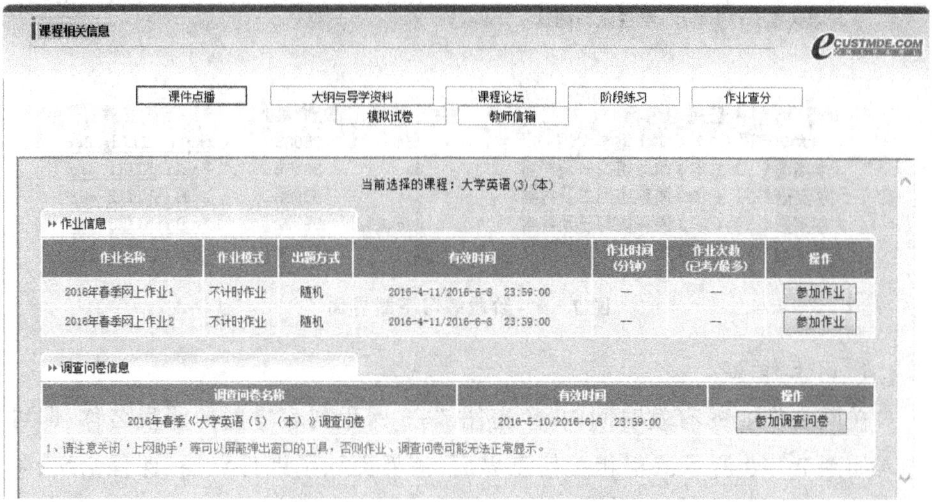

图 7－7　学生平台课程相关信息界面

在如图 7－8 所示的课程论坛界面中，点击主题的标题，就可浏览主题与跟帖内容。有关发帖和跟帖的具体步骤可参见第 8 章。

图 7－8　大学英语(3)(本)课程论坛

3. 阶段练习下载

在课程相关信息界面，单击“阶段练习”按钮，就会在新窗口中显示该课程的阶段练习(图 7-9),点击下载文件下的相应链接就能完成下载。如果单击“阶段练习”按钮后,无法显示相应界面,请检查弹出窗口相关设置。

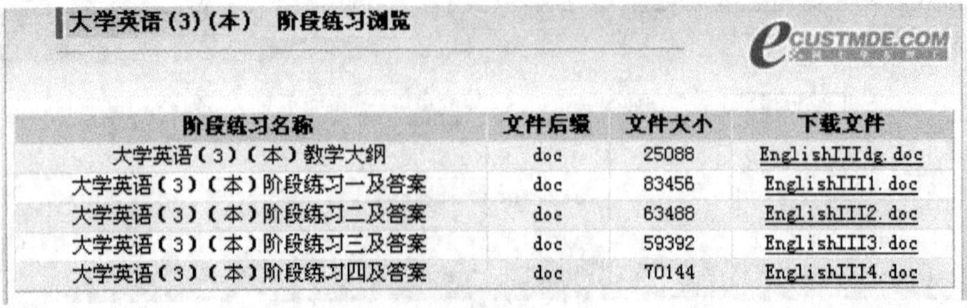
大学英语(3)(本)　阶段练习浏览

阶段练习名称	文件后缀	文件大小	下载文件
大学英语(3)(本)教学大纲	doc	25088	EnglishIIIdg.doc
大学英语(3)(本)阶段练习一及答案	doc	83456	EnglishIII1.doc
大学英语(3)(本)阶段练习二及答案	doc	63488	EnglishIII2.doc
大学英语(3)(本)阶段练习三及答案	doc	59392	EnglishIII3.doc
大学英语(3)(本)阶段练习四及答案	doc	70144	EnglishIII4.doc

图 7-9　阶段练习下载界面

4. 网上作业

在网上作业的有效时间内,单击图 7-3 课程列表界面的课程名称,即可进入如图 7-10 所示课程相关信息界面,该界面除了课件点播、课程论坛、阶段练习、作业查分等功能按钮外,还显示了该课程网上作业的列表。上面列出的是未完成的作业。

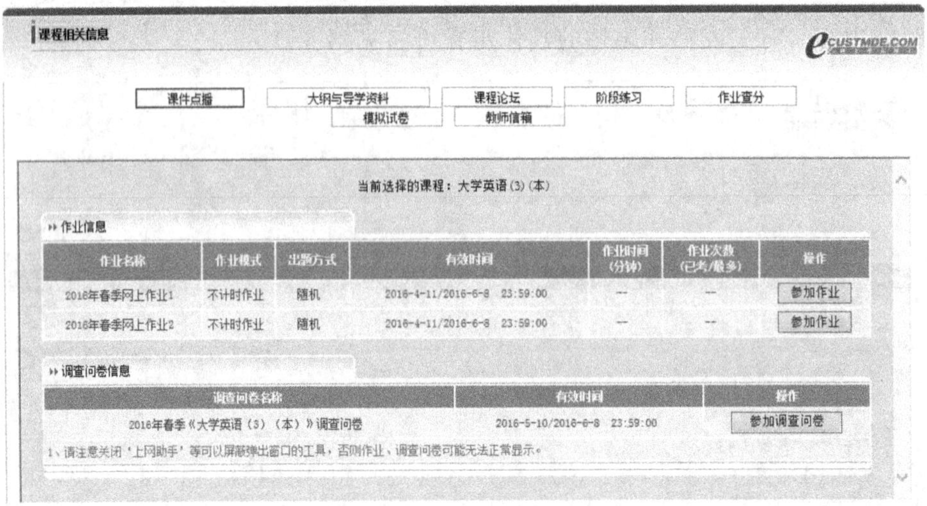

图 7-10　网上作业列表

同样的,在平台功能树上点击“在线做作业”,会显示所有课程未完成的网上作业(图 7-11)。如果该界面中无网上作业显示,则说明所有课程的网上作业均已完成。

单击图 7-10 或图 7-11 中的“参加作业”按钮或“继续作业”按钮,即可进入如图 7-12 的网上作业界面,网上作业的题型有单选题、多选题、简答题

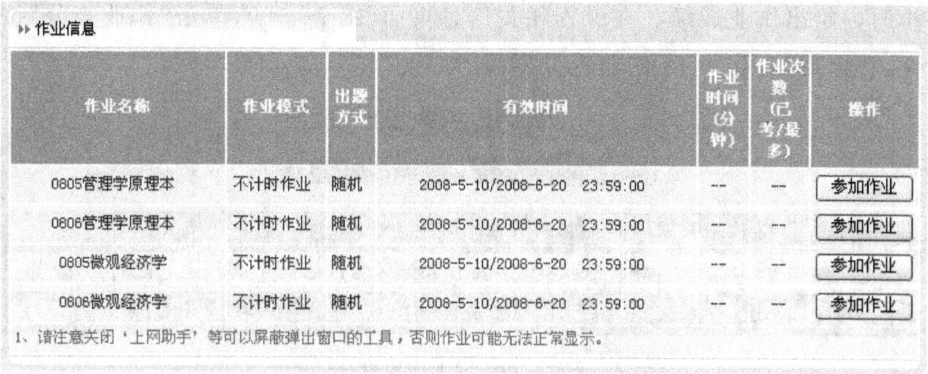

▸▸ 作业信息

作业名称	作业模式	出题方式	有效时间	作业时间(分钟)	作业次数(已考/最多)	操作
0805管理学原理本	不计时作业	随机	2008-5-10/2008-6-20 23:59:00	--	--	参加作业
0806管理学原理本	不计时作业	随机	2008-5-10/2008-6-20 23:59:00	--	--	参加作业
0805微观经济学	不计时作业	随机	2008-5-10/2008-6-20 23:59:00	--	--	参加作业
0806微观经济学	不计时作业	随机	2008-5-10/2008-6-20 23:59:00	--	--	参加作业

1、请注意关闭‘上网助手’等可以屏蔽弹出窗口的工具，否则作业可能无法正常显示。

图 7－11　全部未完成网上作业列表

等。完成部分题目后，可以单击界面右上角的“保存作业”按钮，保存的作业可以下次继续完成。完成全部题目后，可以单击界面右上角的“提交作业”按钮，即可提交作业，作业一旦提交后不可再次进入重做。

作业系统--0805管理学原理本
保存作业
提交作业
题号:1 题型:单选题（请在以下几个选项中选择唯一正确答案） 本题分数:5
内容:
美国学者肯尼迪和迪尔认为，企业文化除了价值观、英雄人物、文化网络因素外，还包括______
选项:
a、组织结构
b、领导方式
c、礼仪和庆典
d、企业行为
题号:2 题型:单选题（请在以下几个选项中选择唯一正确答案） 本题分数:5
内容:
_______指单位时间所取得的效果的数量。
选项:
a、效益
b、效果
c、效率
d、效用
题号:3 题型:单选题（请在以下几个选项中选择唯一正确答案） 本题分数:5
内容:
下面哪些不是人本管理的观点________。
选项:
a、职工是企业的主体
b、人是“经济人”，所以是要给予足够的物质激励，就能让他为企业卖力
c、职工参与是有效管理的关键
d、服务于人是管理的根本目
e、组织中存在非正式组织，对此管理者要给以压制
题号:4 题型:单选题（请在以下几个选项中选择唯一正确答案） 本题分数:5
内容:
关于奖金的说法不正确的是________。
选项:
a、奖金的名目应尽量多，以最大地提高职工积极性
b、奖金的数额不宜过小，以提高奖励的效价
c、奖金取得的条件不宜过严或过宽，以保证必要的期望值
d、奖金发放还要密切联系企业或部门的经济效益
题号:5 题型:单选题（请在以下几个选项中选择唯一正确答案） 本题分数:5
内容:
某公司新近从基层提拔了一批管理人员担任中层管理工作，上岗之前，公司要对其进行培训，你认为培训的重点应该放在_______
选项:
a、总结他们在基层工作的经验教训
b、熟悉公司有关中层管理人员的奖惩制度
完成
Internet
100%

图 7－12　网上作业界面

网上作业由系统自动批改，提交作业后马上就可以查阅作业成绩。但在作业系统压力较大的情况下，由于采用了延时判分机制，系统最晚会在半

小时内给出作业成绩。在课程相关信息页面(图 7－10),单击"作业查分"按钮,将出现如图 7－13 作业查分界面。

作业查分

日期:从　　到　　查询

序号	名称	作业模式	出题方式	作业时间	作业成绩	出卷人	评卷情况	状态	查看答案	答题统计
1	0806管理学原理本	不计时作业	随机	2008-05-01 09:19:15/2008-06-08 12:55:56	✔85	SA	已评	完成		

[第1/1页] 每页20条 共1条　　首页 上一页 下一页 末页 转至: 1 GO

图 7－13　网上作业查分

在作业系统后台开放了作业答案之后,提交作业后就可以查看作业答案,单击图 7－13 界面中"查看答案"图片链接,即可查阅到作业答题情况和正确答案(图 7－14)。

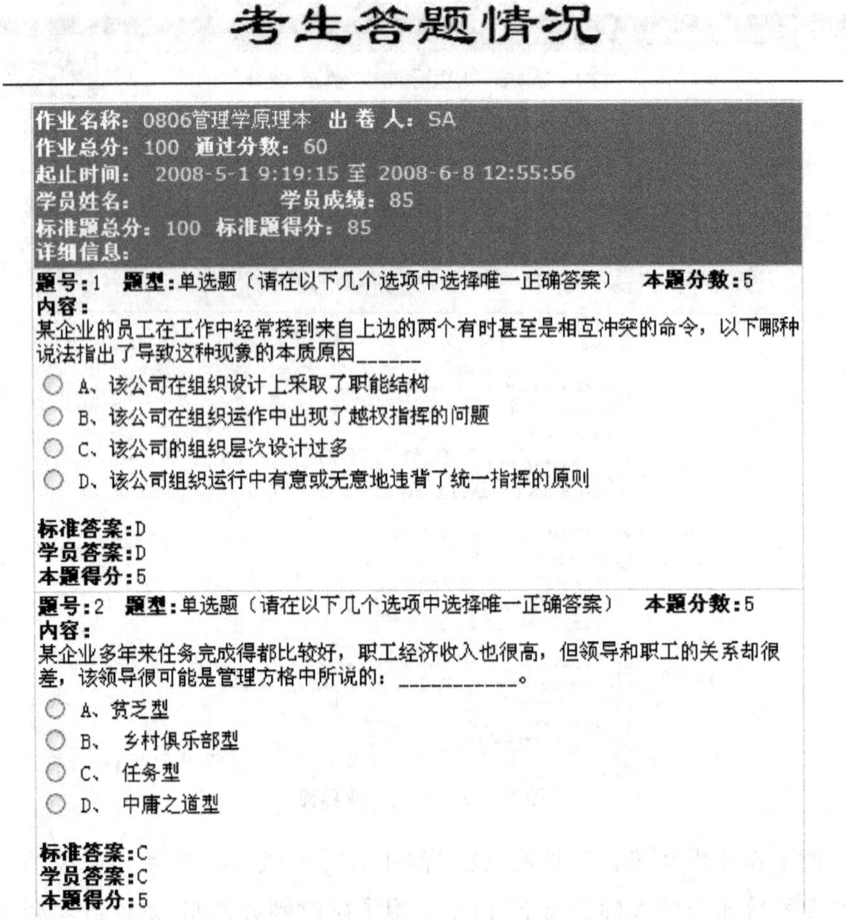

考生答题情况

作业名称：0806管理学原理本　出 卷 人：SA
作业总分：100　通过分数：60
起止时间：　2008-5-1 9:19:15 至 2008-6-8 12:55:56
学员姓名：　　学员成绩：85
标准题总分：100　标准题得分：85
详细信息：

题号:1　**题型:**单选题（请在以下几个选项中选择唯一正确答案）　**本题分数:**5
内容:
某企业的员工在工作中经常接到来自上边的两个有时甚至是相互冲突的命令，以下哪种说法指出了导致这种现象的本质原因______
○ A、该公司在组织设计上采取了职能结构
○ B、该公司在组织运作中出现了越权指挥的问题
○ C、该公司的组织层次设计过多
○ D、该公司组织运行中有意或无意地违背了统一指挥的原则

标准答案:D
学员答案:D
本题得分:5

题号:2　**题型:**单选题（请在以下几个选项中选择唯一正确答案）　**本题分数:**5
内容:
某企业多年来任务完成得都比较好，职工经济收入也很高，但领导和职工的关系却很差，该领导很可能是管理方格中所说的：___________。
○ A、贫乏型
○ B、 乡村俱乐部型
○ C、 任务型
○ D、 中庸之道型

标准答案:C
学员答案:C
本题得分:5

图 7－14　网上作业答题情况

5. 课程考试预约

为统一安排课程考试考务工作，学生在参加课程考试前，需要进行考试预约。学院网站首页会提前公告课程考试预约的具体时间。在课程考试预约有效期内，学生可以点击“平台功能树”中的课程考试预约，系统会显示如图 7 - 15 的界面，学生只需要勾选课程前的复选框并单击“确定”按钮，即可预约这些课程。如果要取消对课程的预约，需提出缓考申请。注意：一个场次下仅能预约一门课程。

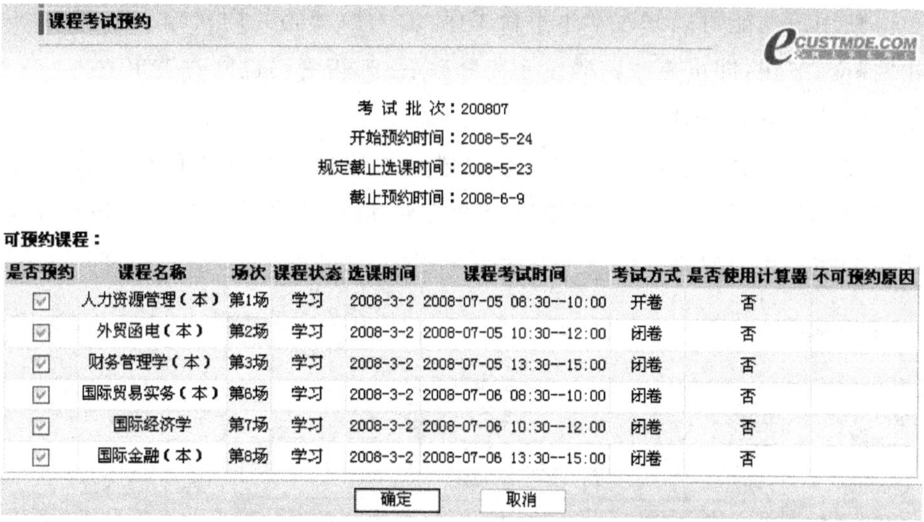
课程考试预约

考 试 批 次：200807
开始预约时间：2008-5-24
规定截止选课时间：2008-5-23
截止预约时间：2008-6-9

可预约课程：

是否预约	课程名称	场次	课程状态	选课时间	课程考试时间	考试方式	是否使用计算器	不可预约原因
☑	人力资源管理（本）	第1场	学习	2008-3-2	2008-07-05 08:30--10:00	开卷	否	
☑	外贸函电（本）	第2场	学习	2008-3-2	2008-07-05 10:30--12:00	闭卷	否	
☑	财务管理学（本）	第3场	学习	2008-3-2	2008-07-05 13:30--15:00	闭卷	否	
☑	国际贸易实务（本）	第6场	学习	2008-3-2	2008-07-06 08:30--10:00	闭卷	否	
☑	国际经济学	第7场	学习	2008-3-2	2008-07-06 10:30--12:00	闭卷	否	
☑	国际金融（本）	第8场	学习	2008-3-2	2008-07-06 13:30--15:00	闭卷	否	

确定　取消

图 7 - 15　课程考试预约

6. 毕业论文写作

专升本学生的毕业论文环节需要在平台上完成。毕业论文环节需要经过毕业论文（设计）申请（选题）、提交开题报告、论文（设计）初稿、定稿、终稿等阶段。

在平台功能树中点击“毕业论文写作”即可进入毕业论文（设计）写作功能。学生应仔细阅读毕业论文（设计）管理办法、毕业论文（设计）写作要求等规定，按照“毕业论文（设计）写作时间”的时间节点完成每一阶段的论文要求。

毕业论文（设计）写作的要求及具体平台操作步骤请参看本书第 10 章第 2 节。

7. 个人邮箱

点击该链接（图 7 - 16）可以进入在线邮箱，有关邮箱使用方法请参见第

5 章。

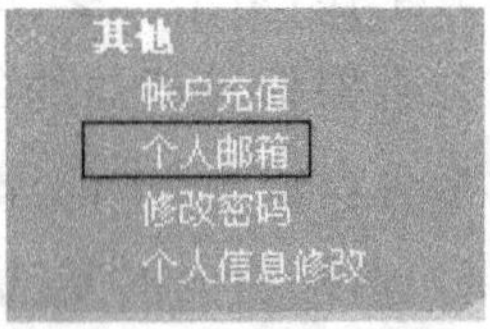

图 7－16　在线登录邮箱

8. 修改密码

使用该功能可以修改学生平台密码,输入原密码并两次输入新密码,点击“提交”按钮,即可更改密码。密码修改后,邮箱密码也同时被更改。

9. 个人信息修改

在个人信息修改界面(图 7－17),学生可以修改个人的移动电话、通信地址、住宅电话等信息。及时更新个人信息,以便让网院及时提供各种友情提醒和学习支持服务。

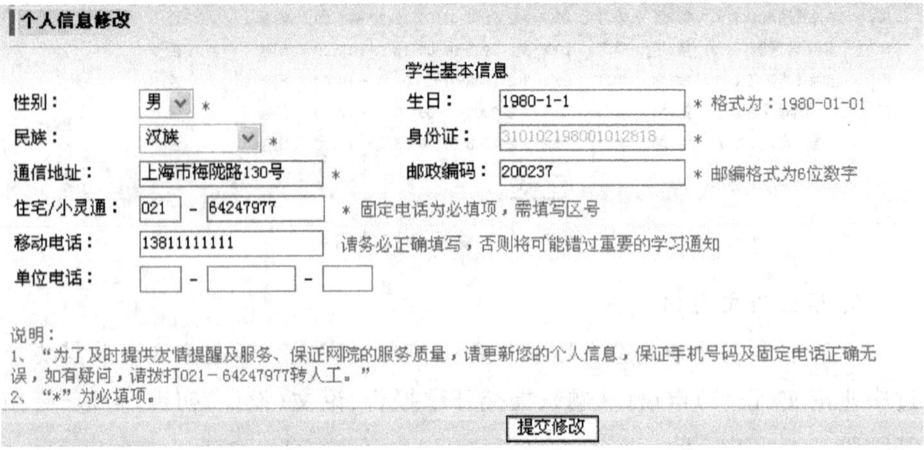

图 7－17　个人信息修改界面

7.2.2　查询功能的操作

1. 过程考核办法查询

该查询显示了学生所学课程的过程考核办法,即每门课程的成绩组成比例及要求(图 7－18)。学生在每学期开始学习前,应使用该查询了解所学课程的过程考核办法,具体内容参见第 9 章。

学习过程考核标准查询

入学批次：200703 学籍批次 ：200703 层次 ：专科起点本科 专业：国际经济与贸易（业余）
教育中心 ：华东理工大学本部 姓名 ： 用户名： 学 号 ： 证 件 号 ：

序号	课程名称	学期	学分	公共基础课	公共选修课	专业选修课	专业基础课	专业必修课	主讲教师	课件点播		学习时长		课程论坛		作业成绩	平时成绩	考试成绩	考查课成绩	考试方式
										所占比例(%)	点播次数	所占比例(%)	学习时长(分钟)	所占比例(%)	发帖次数	所占比例(%)	所占比例(%)	所占比例(%)	所占比例(%)	
1	毕业环节社会实践（国贸）	3	4					√		0	0	0	0	0	0	0	0	0	100	考查
2	毕业论文（设计）撰写方法辅导（国贸）	3	2					√		0	0	100	120	0	0	0	0	0	0	考查
3	财务管理学（本）	3	4				√		陈小平	10	10	0	0	5	5	15	10	60	0	考试
4	大学英语（3）	1	4	√					董慧敏	10	10	0	0	5	5	15	10	60	0	考试
5	大学英语（4）	2	4	√					董慧敏	10	10	0	0	5	5	15	10	60	0	考试
6	电子商务	2	4		√				刘红丽	10	10	0	0	5	5	15	10	60	0	考试
7	管理学原理（本）	1	4				√		张广利	10	10	0	0	5	5	15	10	60	0	考试
8	国际金融（本）	3	3				√		江林	10	10	0	0	5	5	15	10	60	0	考试
9	国际经济学	3	3				√		孙定东	10	10	0	0	5	5	15	10	60	0	考试
10	国际贸易概论（本）	1	4				√		江林，唐晓华	10	10	0	0	5	5	15	10	60	0	考试
11	国际贸易实务（本）	3	4				√		杨娥	10	10	0	0	5	5	15	10	60	0	考试
12	国际市场营销学（本）	1	4		√				朱姝	10	10	0	0	5	5	15	10	60	0	考试
13	宏观经济学	2	4				√		杨继波	10	10	0	0	5	5	15	10	60	0	考试
14	计算机应用基础（本）	1	5	√					夏宝岚	10	10	0	0	5	5	15	10	60	0	考试
15	经济法（本）	2	4				√		董湘战	10	10	0	0	5	5	15	10	60	0	考试

记录总数：21 总页数：2 每页 15条记录 当前页：1　[1][2]　第 1 页 go

图 7－18　过程考核办法查询界面

2. 过程考核学习记录

该查询显示了课件点播次数、学习时长、课程论坛发帖数的实际完成情况(图 7－19)，学生应经常使用该功能查看在学课程的过程考核指标完成情况。

过程考核学习记录

入学批次：200703 学籍批次 ：200703 层次 ：专科起点本科 专业 国际经济与贸易（业余）
教育中心 ：华东理工大学本部 姓名 ： 用户名： 学 号 ： 证 件 号 ：

在修课程　学习结束课程

序号	课程名称	学期	学分	公共基础课	公共选修课	专业选修课	专业基础课	专业必修课	主讲教师	课件点播		学习时长		课程论坛	
										规定次数	实际次数	规定时长(分钟)	学习时长(分钟)	规定次数	实际次数
1	国际贸易实务（本）	3	4					√	杨娥	10	10	0	0	5	5
2	国际经济学	3	3					√	孙定东	10	11	0	0	5	5
3	外贸函电（本）	3	4					√	蔡惠伟	10	10	0	0	5	5
4	人力资源管理（本）	3	3					√	董临萍	10	11	0	0	5	5
5	毕业论文（设计）（国贸）	4	12		√					0	0	0	0	0	0
6	财务管理学（本）	3	4					√	陈小平	10	15	0	0	5	5
7	国际金融（本）	3	3					√	江林	10	12	0	0	5	5

记录总数：7 总页数：1 每页 15条记录 当前页：1　[1]　第 1 页

图 7－19　过程考核学习记录界面

3. 课程考试考场安排

在课程考试预约结束后，各教育中心会根据预约情况进行考场安排。在考场安排全部安排完毕并审核后，学生可以通过课程考试考场安排查询了解自己在本考试批次中每门考试所在的场次、考场、座位号、考试时间、考试方式等考试相关信息(图 7－20)，并可选择将该页面打印备查。

课程考试考场安排

考试批次：201101　　联络教师姓名：

预约考点名称：华东理工大学本部　　联络教师电话：

考场地址：华东理工大学本部

姓名：　　学号：

性别：　　生日：

民族：汉族　　身份证：

批次：200903　　教育中心：华东理工大学本部

层次：专科起点本科　　专业：工商管理

照片

场次	课程名称	考场	座位号	缓考标志	课程考试时间	考试方式	是否使用计算器	备注
第2场	财务管理学(本)	八教107(B)	1		2011-01-08 10:30-12:00	开卷	以主讲教师讲课时的要求为准	
第3场	宏观经济学	八教207(B)	3		2011-01-08 13:00-14:30	闭卷	以主讲教师讲课时的要求为准	
第4场	营销管理(本)	八教107(A)	7		2011-01-08 15:00-16:30	闭卷	以主讲教师讲课时的要求为准	
第6场	项目管理	八教207(A)	1		2011-01-09 08:30-10:00	开卷	以主讲教师讲课时的要求为准	
第7场	国际市场营销学(本)	八教207(A)	2		2011-01-09 10:30-12:00	开卷	以主讲教师讲课时的要求为准	
第8场	人力资源管理(本)	八教107(B)	2		2011-01-09 13:00-14:30	开卷	以主讲教师讲课时的要求为准	
第9场	管理信息系统(本)	八教207(A)	2		2011-01-09 15:00-16:30	开卷	以主讲教师讲课时的要求为准	

图 7－20　课程考试考场安排查询界面

4. 课程考试成绩查询

在课程考试成绩发布后，学生可以通过课程考试成绩查询功能查询到考试成绩(图 7－21)。

课程考试成绩查询

入学批次：200703 学籍批次 ：200703 层次 ：专科起点本科 专业 国际经济与贸易(业余)

教育中心 ：华东理工大学本部 姓名 ：　用户名：　学 号 ：　证 件 号 ：

最高成绩　历史成绩

考试批号	课程名称	学习时长(分钟)	学习课件次数	课程论坛	作业成绩	平时成绩	考试成绩	考试状态	总成绩
200707	大学英语(3)	0	10	6	97	100	64	正常	78
200707	管理学原理(本)	0	10	5	93	100	60	正常	75
200707	微观经济学	0	10	5	97	100	84	正常	90
200707	国际贸易概论(本)	0	10	5	97	100	81	正常	89
200801	大学英语(4)	0	10	5	97	100	82	正常	89
200801	营销管理(本)	0	10	5	97	100	77	正常	86
200801	经济法(本)	0	10	6	97	100	77	正常	86
200801	宏观经济学	0	10	6	97	100	82	正常	89
200801	经贸英语阅读	0	10	5	97	100	76	正常	86
200707	世界政治与经济关系	0	10	5	95	100	70	正常	81
200707	计算机应用基础(本)	0	11	5	97	100	86	正常	92

记录总数：11 总页数：1 每页 15条记录 当前页：1　　[1]　第 1 页

图 7－21　课程考试成绩查询界面

5. 统考成绩查询

统考成绩发布后，可以通过该功能查询到统考成绩(图 7－22)。

统考成绩查询

用户名：　　姓名：

统考科目	统考批次	准考证号	统考成绩	免考原因	说明
大学英语B	200710	071134163	合格		
计算机应用基础	200710	071134163	合格		

图 7－22　统考成绩查询界面

6. 帐户信息查询

在每学期开始时，学生可以通过帐户查询功能了解本学期是否需要缴纳学费，如图 7－23 所示，有一条交费状态为“未交费未汇款”的交费信息，说明需要按照 150 元/学分交纳 41 学分的学费，需交学费总金额为 6 150 元。

帐户信息

学生姓名	证件号码	银行卡号

当前批次交费信息

交费批次	购买学分	学费标准	教材费	代办费	总金额	交费截止时间	交费状态
201309	41	150.00	0	0	6150.00	2013-10-15	未交费未汇款

图 7－23　帐户信息查询(缴费前)界面

网院确认收到学生所交学费后，平台帐户信息会变为图 7－24 所示界面，交费状态为“已汇款已确认”，预交费信息中也会增加刚交的学费信息。

帐户信息

学生姓名	证件号码	银行卡号

当前批次交费信息

交费批次	购买学分	学费标准	教材费	代办费	总金额	交费时间	交费状态
200803	44	120.00	0	0	5280.00	2008-3-26	已汇款已确认

交费时间：请在学校规定的交费时间之前缴纳各项费用新生交费时间通过“录取通知书”另行通知；

交费方式：银行卡汇款、教育中心交费。已开通银行卡的同学尽量通过银行卡汇款，未开通的同学到所在教育中心交费；

扣学费信息

类型	金额（元）	扣费时间	学分
选课费	480.	2008-4-27	4
选课费	480.	2008-4-27	4
选课费	480.	2008-4-27	4
选课费	480.	2008-4-27	4
选课费	600.	2008-4-27	5
选课费	480.	2008-4-27	4
费用总计（元）	3000.		25

预交费信息

类型	金额（元）	交费时间	缴费系数	学分
收学费	5280.00	2008-3-26	1.2000	44
费用总计（元）	5280.00			44

剩余费用信息

剩余学费（元）	剩余教学资料费（元）	剩余学分
2280.00		19

图 7－24　账户信息查询(缴费后)界面

在开学一个月后，网院将进行扣学费操作，该学期新开课程将被扣除相应学费，扣学费信息中也会显示出扣费明细，剩余费用信息中即时显示剩余学费及对应的剩余学分。

复习思考题

1. 华东理工大学网络教育学院网站的网址是什么？

2. 课程考试通知与安排在网站首页的哪个栏目里？

(A) 招生指南　(B) 资讯中心　(C) 学习园地　(D) 校园生活

3. 网上作业是否打开后就必须提交？是否提交后一定马上可以查到网上作业成绩？

4. 过程考核学习记录中可以查询到哪些学习过程指标的完成情况？

5. 在课程考试考场安排查询中，可以得到哪些有关课程考试的信息？

第3篇　学习篇

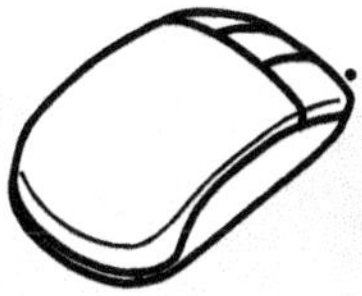

第 8 章

课程学习的方法

8.1 学习前的准备

华东理工大学远程教育学习方针概括为 30 个字，即网上自主学习、实时直播授课、集中面授辅导、教师网络答疑、注重过程考核。其中网上自主学习是学生日常采用的主要学习方式，一般占到总学习时数的 70%以上；实时直播授课和集中面授辅导则是远程教育学生接受学校教育，感受学习氛围的重要环节；而教师网络答疑提供了教师离线答疑(BBS)和在线答疑两种方式，能够较为全面地解决学生学习中的问题；注重过程考核是网院经过对多年远程办学的经验总结而推出的适合远程教育特点的评价体系。

在进入具体课程学习之前，学生必须做好各项准备工作，包括：了解自己所学专业的教学计划以及本学期本专业开课情况、所在教育中心教学安排(课表)、每门课程的教学要求(教学大纲)以及考试要求(考试大纲)等。

8.1.1 了解本学期教学安排

在学院网站主页上的“学习日历”栏目(图 8 - 1)是学生制订本学期学习计划的基本依据。

用鼠标点击“学习日历”就可以打开如图 8 - 2 所示的图表，看到本学期学院的具体教学安排。

在这张学习日历表中，不但有开学日期和考试日期，还分别注明了考试预约、网上作业开始与截止日、统考报名、毕业论文各环节时间节点，以及毕业证书、学籍档案发放时间等信息。

图 8-1　网院主页"学习日历"位置图

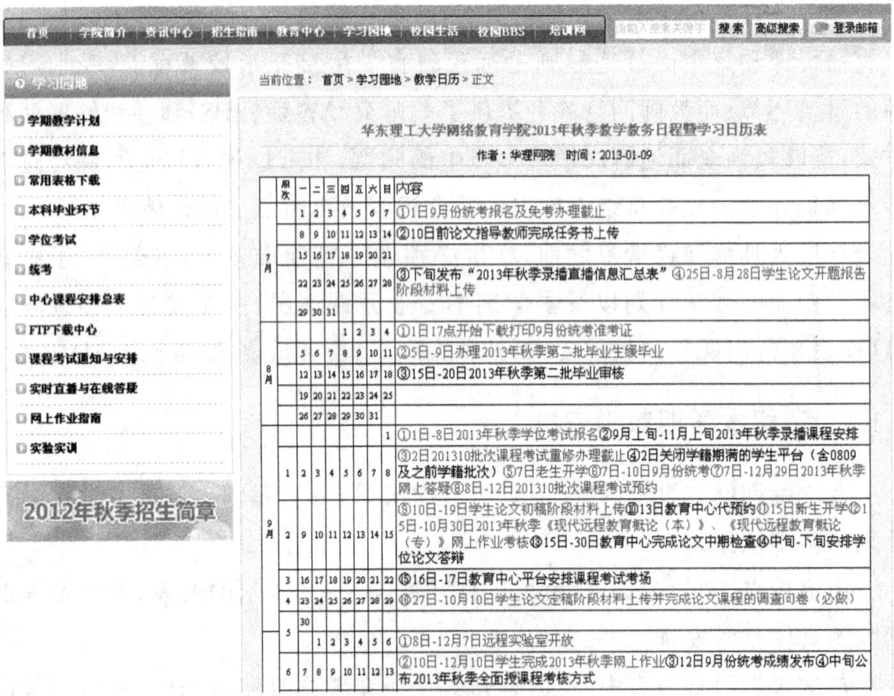

华东理工大学网络教育学院2013年秋季教学教务日程暨学习日历表

作者：华理网院　时间：2013-01-09

	周次	一	二	三	四	五	六	日	内容
7月		1	2	3	4	5	6	7	①1日9月份统考报名及免考办理截止
		8	9	10	11	12	13	14	②10日前论文指导教师完成任务书上传
		15	16	17	18	19	20	21	
		22	23	24	25	26	27	28	③下旬发布"2013年秋季录播直播信息汇总表"④25日-8月28日学生论文开题报告阶段材料上传
		29	30	31					
8月					1	2	3	4	①1日17点开始下载打印9月份统考准考证
		5	6	7	8	9	10	11	②5日-9日办理2013年秋季第二批毕业生缓毕业
		12	13	14	15	16	17	18	③15日-20日2013年秋季第二批毕业审核
		19	20	21	22	23	24	25	
		26	27	28	29	30	31		
9月								1	①1日-8日2013年秋季学位考试报名②9月上旬-11月上旬2013年秋季录播课程安排
	1	2	3	4	5	6	7	8	③2日201310批次课程考试重修办理截止④2日关闭学籍期满的学生平台（含0809及之前学籍批次）⑤7日老生开学⑥7日-10日9月份统考⑦7日-12月29日2013年秋季网上答疑⑧8日-12日201310批次课程考试预约
	2	9	10	11	12	13	14	15	⑨10日-19日学生论文初稿阶段材料上传⑩13日教育中心代预约⑪15日新生开学⑫15日-10月30日2013年秋季《现代远程教育概论（本）》、《现代远程教育概论（专）》网上作业考核⑬15日-30日教育中心完成论文中期检查⑭中旬-下旬安排学位论文答辩
	3	16	17	18	19	20	21	22	⑮16日-17日教育中心平台安排课程考试考场
	4	23	24	25	26	27	28	29	⑯27日-10月10日学生论文定稿阶段材料上传并完成论文课程的调查问卷（必做）
	5	30							
			1	2	3	4	5	6	①8日-12月7日远程实验室开放
	6	7	8	9	10	11	12	13	②10日-12月10日学生完成2013年秋季网上作业③12日9月份统考成绩发布④中旬公布2013年秋季全面授课程考核方式

图 8-2　学习日历示例

8.1.2　了解本专业教学计划

专业教学计划是根据社会需求和专业培养目标经校远程教育专家委员会和相关院系精心制订的，学生按入学批次确定专业教学计划。学生只有完成本专业教学计划中的全部课程，才能达到毕业的基本要求。由于社会需求的变化和教学资源的调整，专业教学计划在实施过程中可能存在微调，即各批次学生的同专业教学计划可能有所不同。

教学计划中各类课程通常被分为：公共基础课、公共选修课、专业基础课、专业必修课和专业选修课。公共选修课分为通识类课程和讲座类课程，选课在第一学期末（见“学习日历”），开课分别在第二和第三学期。

了解专业教学计划可以进入学院网站主页“招生指南”（图 8－3），打开“专业课程设置”进行下载，如图 8－4 所示。

图 8－3　网院主页“专业课程设置”位置图

点击相关的年级和层次，就能找到你所关心的专业课程设置。专业课程设置表达了各专业在最低学习年限下每学期的课程安排情况。

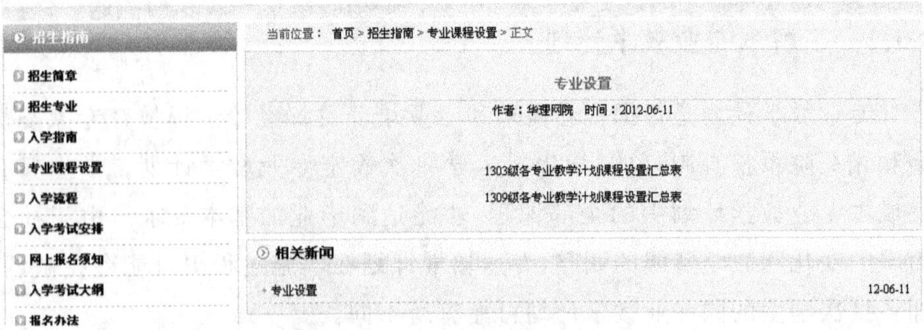

图 8-4 “专业课程设置”下载图

8.1.3 了解课程开课情况

在每学期开学前,网院教学教务部会根据各专业教学计划安排为学生集体开课。每学期各专业课程开课情况可以参照学院网站主页“学习园地”中的“学期教学计划”栏目,如图 8-5 所示;点击“学期教学计划”后出现如图 8-6 所示的分级教学计划。

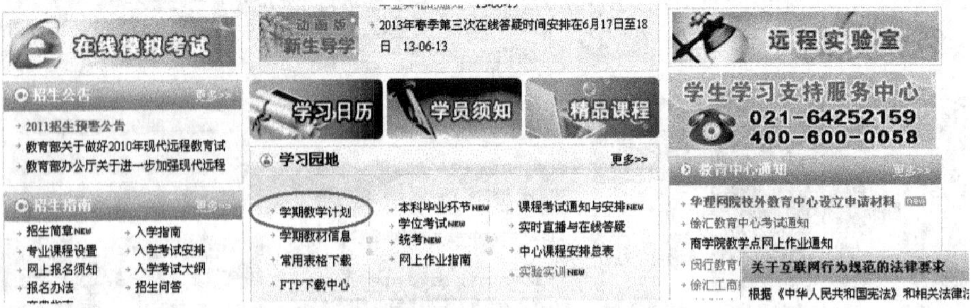

图 8-5 网院主页“学期教学计划”位置

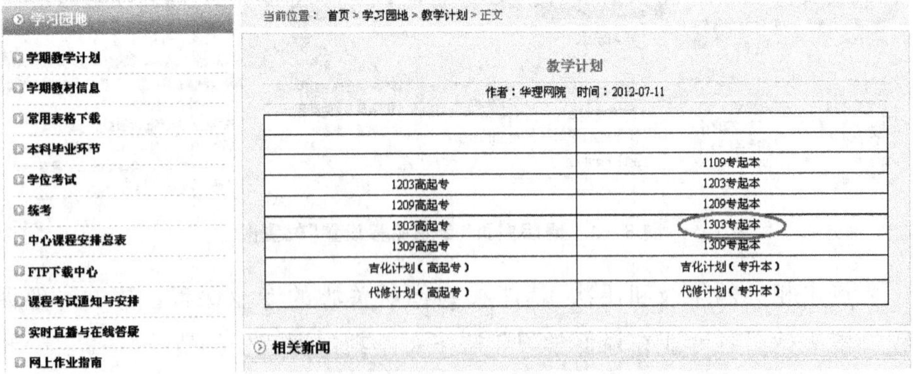

图 8-6 分级教学计划表

图 8－7 的教学计划表显示了 201303 级专升本部分专业第二学期应该开设的课程。

华东理工大学网络教育学院

201303批次第二学期专升本教学计划

表格编号：03/QR-750-03　　　　序号：13030102

专业	课程名称	学分	总学分	备注
电气工程及其自动化	大学英语（4）（本）	4		学位课
	马克思主义哲学原理	3		考查课
	电力电子技术	4		
	电力拖动基础	4		
	基本线路与电子（本）	4		实验类
	通识类	2	21	考查课，选修
	政治学原理	4		代修课
法学	大学英语（4）（本）	4		学位课
	民事诉讼法	4		
	行政法与行政诉讼法	4		
	经济法（本）	4		学位课
	劳动与社会保障法	4		
	通识类	2	22	考查课，选修
	政治学原理	4		代修课
工程管理（项目管理）	大学英语（4）（本）	4		学位课
	微观经济学	4		
	宏观经济学	4		
	项目采购与合同管理	4		
	项目人力资源管理	3		考查课
	通识类	2	21	考查课，选修
	政治学原理	4		代修课
工商管理	大学英语（4）（本）	4		学位课
	宏观经济学	4		
	微观经济学	4		
	经济法（本）	4		
	通识类	2	18	考查课，选修
	政治学原理	4		代修课
工商管理（综合管理）	大学英语（4）（本）	4		学位课
	财务会计（本）	4		全面授，特殊标准
	公司理财（本）	4		全面授，特殊标准
	管理经济学（本）	4		全面授，特殊标准
	通识类	2	18	考查课，选修
	政治学原理	4		代修课

图 8－7　201303 批次第二学期专升本教学计划表

学生通过学习平台可以及时了解到个人课程开课情况，已开课的课程标设为“学习中”，如图 8－8 学生个人平台开课情况。开学时，每位学生都应该认真核对课程开课情况与教学计划有无出入、已经开课的课程的过程考核标准，少部分全面授课程对过程考核标准不作要求。核对以后，若有疑问的可咨询本教育中心负责教务管理的老师或直接联系网院“学习支持服务中心”，以便及时纠正或了解变动的情况。若学生已经提交了学籍移动申请、考试预约、退学、课程免修申请的并且未被审核的，将无法正常开课，此类学生将在平台申请被审核后才能开课。

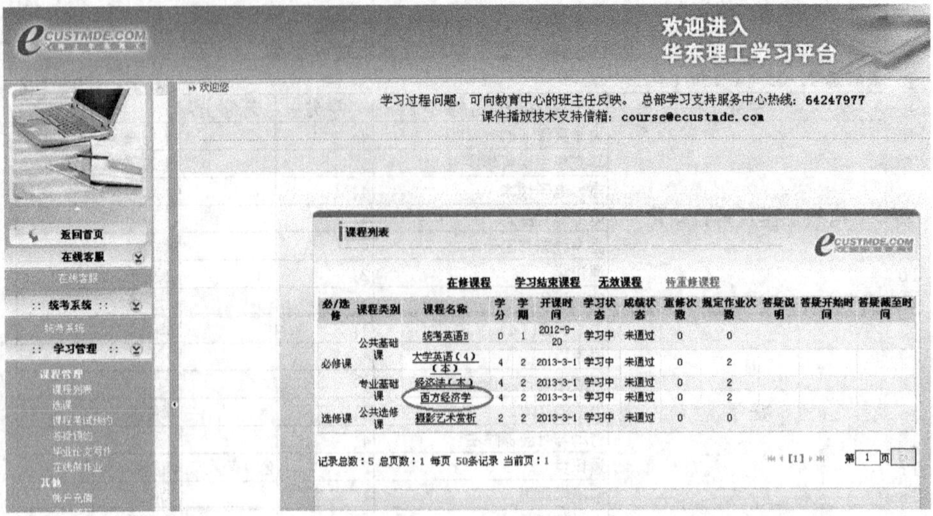

图 8-8　学生个人平台开课情况

对每位学生来说课程开课是否正确将直接影响到学习过程和毕业。因此，必须尽早发现由于各种原因可能导致未开课或个别课程未开课情况，予以及时解决。一旦错过了有效时间，将难以弥补。

8.1.4　了解本教育中心的课程辅导安排情况

在每学期开学前，学生除了要了解本学期总的教学安排，特别注意考试预约时间、考试时间、网上在线作业时间、国家统考时间、论文提交时间等重要时间节点外，还应了解本教育中心的课程辅导安排情况，制订出详细的听课计划。对无法参加辅导课的时间要作好标记并落实补救方案。各中心辅导安排表可以在学院网站主页“学习园地”栏目中的“中心课程安排总表”中查询，见图 8-9。

打开“中心课程安排总表”可以看到“华东理工大学网络教育学院学期课程安排总表”，点击各教育中心的教学辅导课程表，就能了解相关教育中心本学期的辅导课程安排，见图 8-10。点击某教育中心各年级总表，就能找到该中心所有专业在本学期的辅导课程安排表。

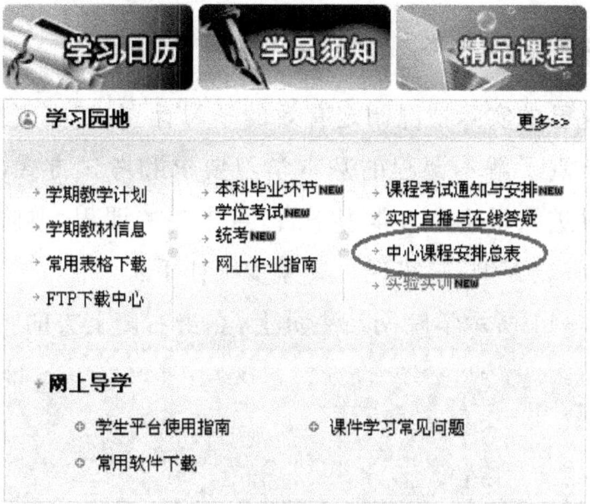

图 8－9　网院主页“中心课程安排总表”

华东理工大学网络教育学院13学年上学期课程安排总表

作者：华理网院　时间：2012-02-27

教育中心名称（上海地区）	批次	教育中心名称（外埠）	批次
商学院	课程总表	金华教育中心	
社会学院教学点	课程总表	宁波工程学院	
理学院教学点		杭州教育中心	课程总表
化工学院教学点	课程总表	桐乡教育中心	课程总表
机械学院教学点	课程总表	丽水教育中心	课程总表
信息学院教学点		临安教育中心	课程总表
现代教学点	课程总表 新生课表	南化教育中心	课程总表
金山教育中心	课程总表 新生课表	南科教育中心	课程总表 新生课表
济光教育中心	课程总表	常州工程教育中心	课程总表
杨浦教育中心	课程总表	无锡新区教育中心	课程总表
宝山教育中心	课程总表	昆山教育中心	课程总表
嘉定教育中心	课程总表	顺德教育中心	课程总表
轻工教育中心	课程总表	嵊州教育中心	
市北教育中心	课程总表	中山教育中心	课程总表
长宁教育中心	课程总表	湖州教育中心	课程总表
医药教育中心	课程总表	舟山教育中心	
青浦教育中心	课程总表	常熟教育中心	课程总表
虹口教育中心	课程总表	镇江教育中心	
群星教育中心	课程总表	黄浦教育中心	课程总表
松江教育中心		新世界教育中心	课程总表
奉贤教育中心	课程总表	中华职校教育中心	课程总表
应用技术学院教学点	课程总表		
闵行教育中心	课程总表	常州教育中心	
东辉远程教室	课程总表	嘉兴教育中心	
崇明教育中心	课程总表	宝山华文教育中心	课程总表
新长宁教育中心	课程总表	闵行电力教育中心	课程总表
普陀信息学校教育中心	课程总表	江西化校教学点	
普陀智优教育中心	课程总表	南通教育中心	
徐家汇教育中心	课程总表		
南汇教育中心	课程总表		
上海科技教育中心	课程总表		
静安教育中心	课程总表 新生课表		

图 8－10　各教育中心课程安排下载汇总

8.1.5　了解课程学习要求

为了结合自己的实际情况制定有效的学习计划，切实提高学习效率，在进入学习之前认真了解本课程的基本学习要求和考试方式、内容等是必需的。这可以通过进入学生个人学习平台，点击相关课程，在阶段练习中下载《教学大纲》和《考试大纲》来实现。具体步骤如下：

(1) 在图 8－11 所示学院网站主页上，点击右侧上方的“学生平台”。

图 8－11　学生“学习平台”入口界面

(2) 弹出如图 8－12 所示的窗口，输入入学报名表中学生自己填写的用户名和密码后点击“确定”；如果学生忘记用户名和密码，可以与教育中心或网院学习支持服务中心联系，索取用户名和密码。

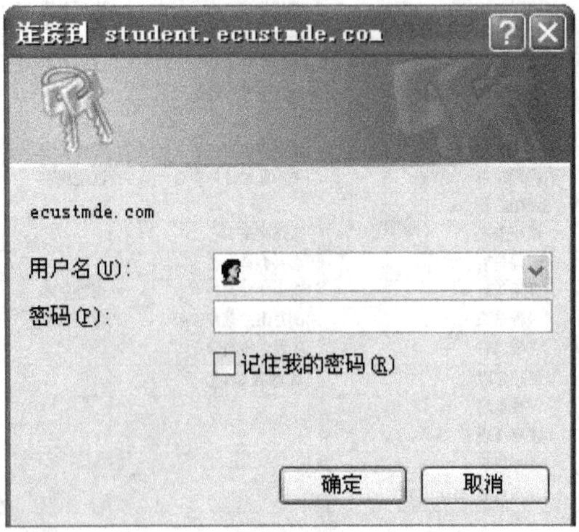

图 8－12　“学习平台”输入用户名和密码窗口

（3）进入图 8－13 所示学生个人学习平台，选择你要查看的相关课程，例如点击“西方经济学”课程；可以看到在页面的上方有六个与课程学习相关的栏目（图 8－14）。

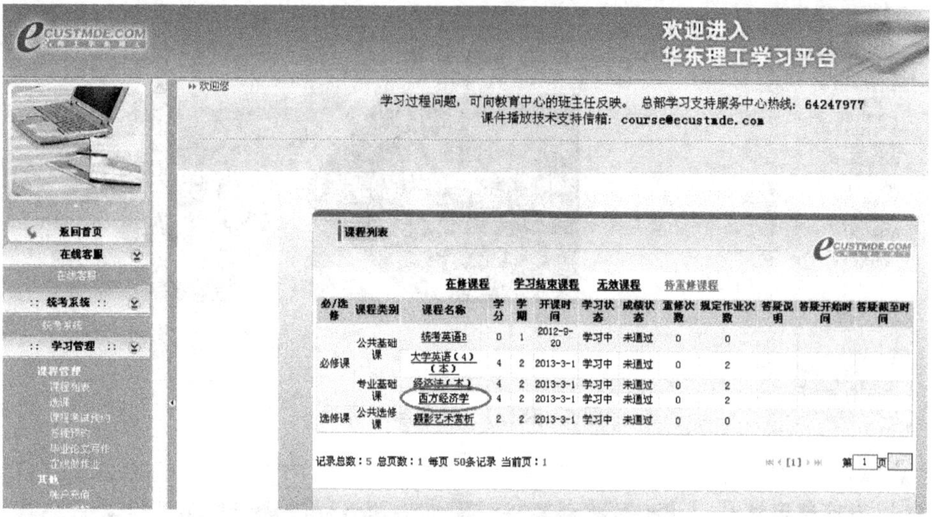

图 8－13　进入学生个人学习平台首页

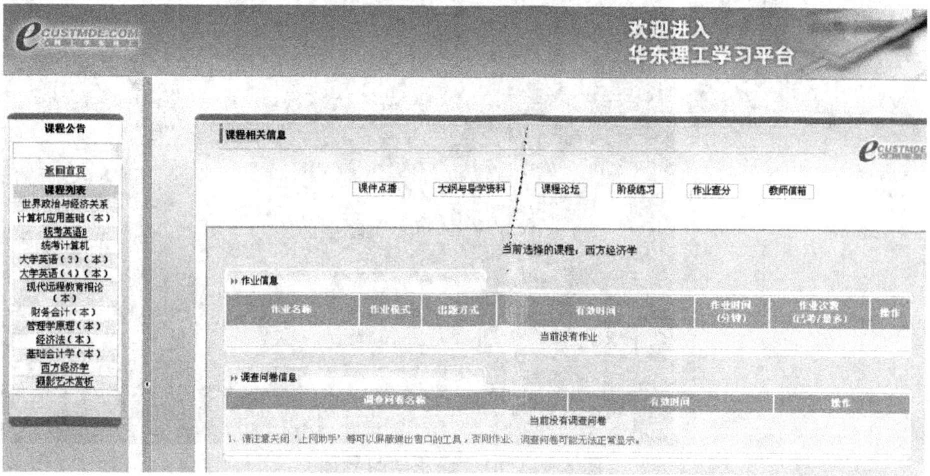

图 8－14　进入课程后的界面

（4）点击“课件点播”按钮，即可开始学习“西方经济学”课程，听老师讲课（图 8－15），平台同时记录一次课件学习，并记录本次学习的时长。

（5）点击“大纲与导学资料”按钮，可以下载该门课程的《教学大纲》和《考试大纲》（图 8－16），有些课程提供了部分教师讲课的补充资料，供你参考。

图 8-15(a) 课程学习界面

图 8-15(b) 课程学习界面

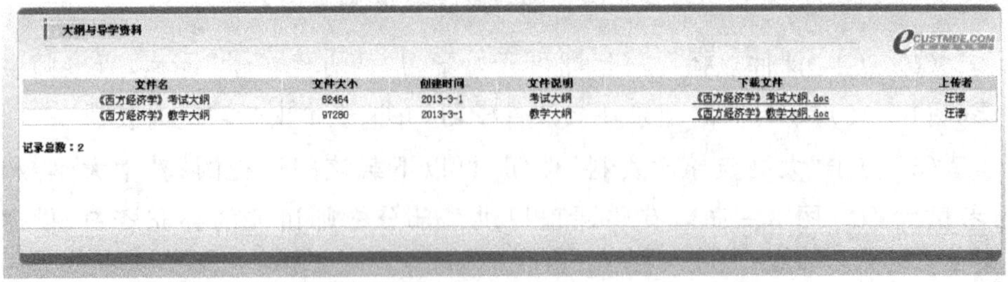

图 8-16 “大纲与导学资料”下载界面

每门课程的《教学大纲》提出了本课程的基本学习要求和范围，一般对知识点提出了要求，区分为了解、掌握和熟练掌握，并且相应的配以课程章节学习时数安排，学生可以在制定自身学习计划时作参考。

《考试大纲》是对课程考试提出的基本要求，其核心是规范考试形式和范围，《考试大纲》是同学们复习迎考的主要参考资料之一。

(6) 点击“课程论坛”按钮，可以进入本门课程的交流园地(图 8 - 17)，学生可以向老师提问或可以进行学生间的相互交流，学生发帖或回答问题的有效帖，平台可记录到过程考核中。

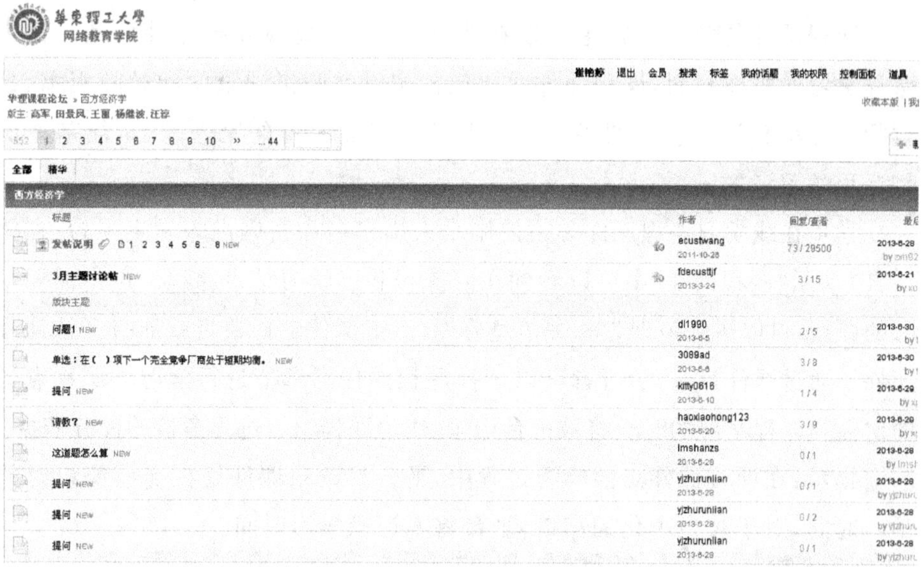

图 8 - 17　“课程论坛”界面

(7) 点击“阶段练习”按钮，可以下载该门课程的“1～4 套阶段练习”(图 8 - 18)，学生下载并完成练习后，可根据所在学习中心的要求，以纸质或电子版形式提交中心，作为作业成绩的一部分。

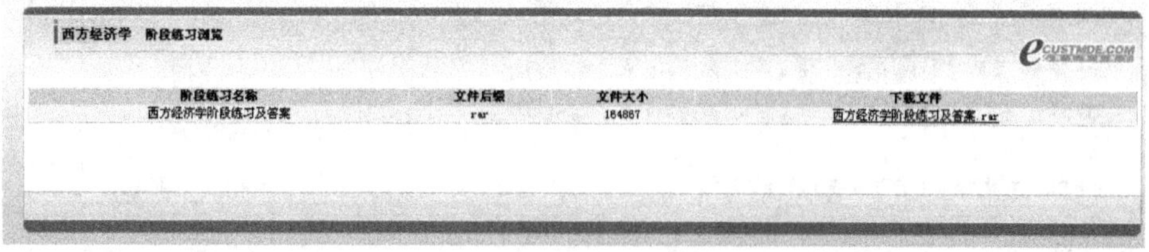

图 8 - 18　“阶段练习”下载界面

8.2　几种远程学习方式

学院提供的教学课件分为课程课件和辅导课件两种,课程课件可以通过学生学习平台进行在线学习,记录学习次数和学习时长;辅导课程的授课形式分为:卫星直播课程辅导和制成辅导课件。下面介绍如何利用这些课程资源进行有效的学习。

8.2.1　在线学习

课程课件的学习形式主要以在线学习为主,离线辅导课件为辅。作为课程学习的主要材料,课程课件主要包括主讲教师讲课录像和教师板书,是教师对课程教学内容的通讲。课程课件与书面教材的紧密配合,能基本满足远程学习者的需要。

学生在线学习课程课件必须使用个人用户名和密码进入学生平台,在图8-19所示"课程列表"中可以看到在修课程和已学习结束课程。点击需要学习的课程,可以进入该课程相关信息界面,点击课件点播栏目就能打开该课程课件。通过课件目录,学习者可以选择课程的任意章节进行学习。课程点击的次数和课程学习的时长将被平台记录,作为课程学习过程考核的评分依据。

提示:在课程课件点播学习过程中,平台只记录课件处在当前窗口时的学习时间,对于被最小化的窗口,平台将不记录学习时间。

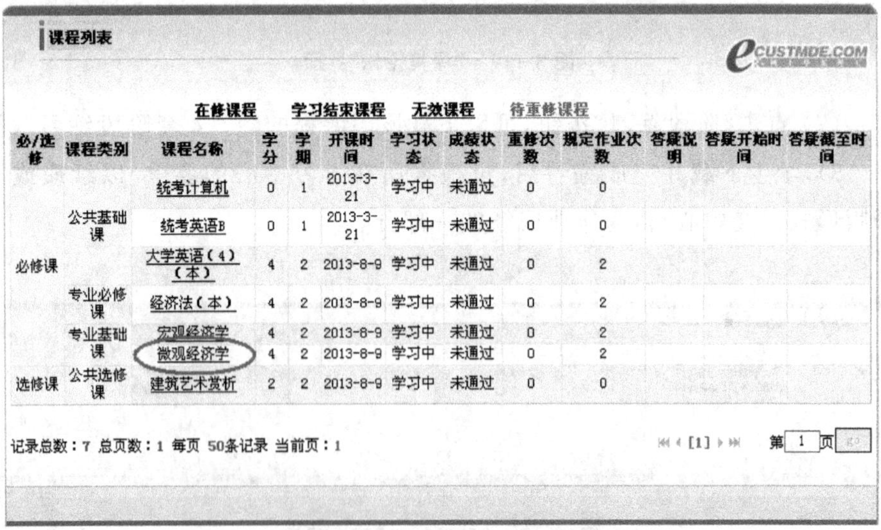
课程列表

在修课程　学习结束课程　无效课程　待重修课程

必/选修	课程类别	课程名称	学分	学期	开课时间	学习状态	成绩状态	重修次数	规定作业次数	答疑说明	答疑开始时间	答疑截至时间
必修课	公共基础课	统考计算机	0	1	2013-3-21	学习中	未通过	0	0			
		统考英语B	0	1	2013-3-21	学习中	未通过	0	0			
		大学英语(4)(本)	4	2	2013-8-9	学习中	未通过	0	2			
	专业必修课	经济法(本)	4	2	2013-8-9	学习中	未通过	0	2			
	专业基础课	宏观经济学	4	2	2013-8-9	学习中	未通过	0	2			
		微观经济学	4	2	2013-8-9	学习中	未通过	0	2			
选修课	公共选修课	建筑艺术赏析	2	2	2013-8-9	学习中	未通过	0	0			

记录总数:7 总页数:1 每页 50条记录 当前页:1　[1]　第 1 页

图 8-19　"课程列表"界面

例如，点击学习状态为学习中的“微观经济学”课程，即可进入该课程相关信息界面(图 8－20)；点击“课件点播”，就能打开“微观经济学”课程课件目录(图 8－21)，学习平台会同时记录下你的一次点播数和学习时长(必须大于 15 分钟，否则不予记录)。

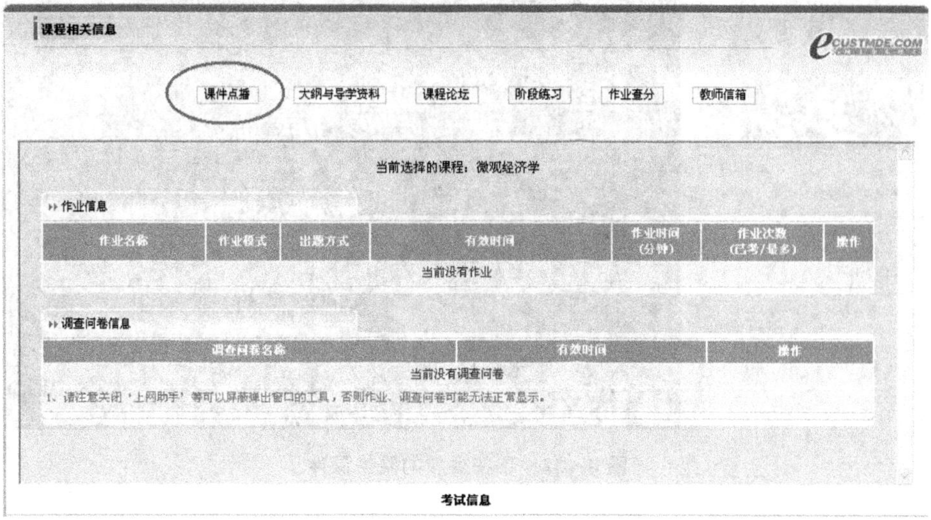

图 8－20　“课程相关信息”界面

图 8－21　点击“课件点播”后的课件播放目录

在图 8 - 21 所示界面上,通过选择课程章节即可进入教师讲课界面(图 8 - 22)。

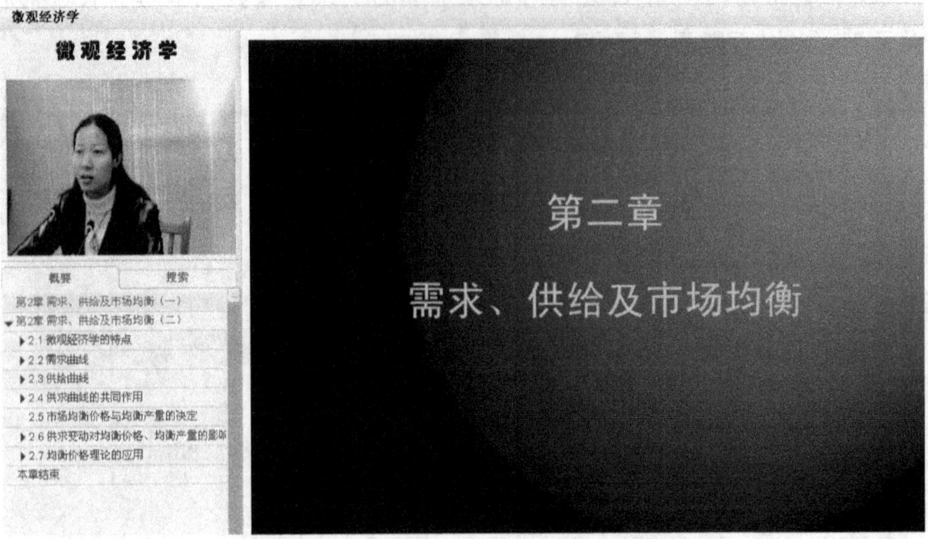

图 8 - 22　正在播放的网络课件

课程课件通常为三分屏格式或全视频格式。你在学习阶段可以选择任意章节进行学习。

部分全面授课程因没有课程课件而不能在线学习,也不执行过程考核要求。

学生若在在线学习时点播课件发生问题可以参阅学院网站主页“学习园地”中的“课件学习常见问题”栏目或与“学习支持服务中心”联系解决。课件播放问题绝大多数是因为学生学习的电脑没有安装相关插件引起的。

8.2.2　利用课件光盘离线学习

学生可以通过学习中心提出购买课程课件的需求,课件可以是光盘或 U 盘,学生使用电脑进行课程学习。离线学习的学习方式与在线学习类似,但离线学习的课程点击次数和课程学习时间不会被平台记录作为学习过程考核的依据。

离线学习的优点是节约上网费用,并且不受外界因素影响,可随时随地进行学习。

离线学习需要安装相关播放插件,有关内容可参阅学院网站主页“学习园地”中的“常用软件下载”栏目。

8.2.3 收看网络直播课程

网络直播课程是通过互联网进行的实时单向(双向)直播的课程教学形式。由于适应学生集中授课的时间相对有限,学院安排的网络直播课程一般控制在 6～12 门之间。

每学期网络直播课程的安排可以查阅学院网站主页“学习园地”中的相关栏目(图 8-23)。

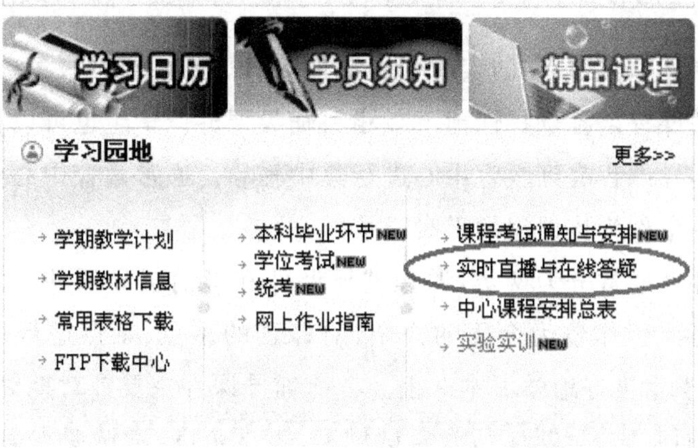

图 8-23 网院主页“实时直播日程安排”位置

点击“学习园地”栏目中的“实时直播与在线答疑”,就可以得到图 8-24 所示的当前学期的网络直播课程安排表。

华理网院2013春实时直播日程安排表

作者： 时间：2013-01-14

集散系统及实验	5月4日	08:30-11:00	5月11日	08:30-11:00	5月18日	08:30-11:00	5月25日	08:30-11:00
政治学原理		12:00-14:30		12:00-14:30		12:00-14:30		12:00-14:30
政治学原理(专)		15:00-17:30		15:00-17:30		15:00-17:30		15:00-17:30
工程力学(本)	5月5日	08:30-11:00	5月12日	08:30-11:00	5月19日	08:30-11:00	5月26日	08:30-11:00
工程力学(专)		12:00-14:30		12:00-14:30		12:00-14:30		12:00-14:30
国际贸易实务(专)		15:00-17:30		15:00-17:30		15:00-17:30		15:00-17:30

相关新闻

- 华理网院2013春实时直播日程安排表 13-01-14
- 华理网院2012秋季直播日程安排表 12-07-26

图 8-24 实时直播安排表

实时直播课程有相对固定的时间，学生应在课表规定的时间按时到教育中心进行收看学习，教育中心老师将记录学生的出勤情况，作为学生平时成绩的参考。

实时直播课程的相关录制资料一般于三个工作日以后上传到 FTP 辅导课件服务器中，供同学们自行下载和学习，各教育中心也会安排时间集中播放录制的课件(参见教育中心辅导课程表)。

8.2.4 学习辅导课件

辅导课件(含已录制的实时直播课件)可以通过 FTP 服务器进行下载。学生可以按课程名称选择性地下载相关辅导课件。学生也可以根据教育中心安排的辅导课程表到教育中心进行集中辅导。通常教育中心将记录学生到课的出勤率作为该课程的平时成绩。

辅导课件通常分为两类：课程辅导课件和考前辅导课件。课程辅导由主讲教师对课程作较为全面的介绍，对课程的重点、难点进行认真讲解分析，以帮助学生更好地学习本课程。考前辅导课件主要针对期终考试(含其后的补考)而制作，命题教师就考试题型、考试范围、考试要点等进行讲解。学生通过考前辅导课件的学习，可以进一步了解考试的要求及应该注意的问题，从而提高复习效果。

8.3 在线答疑

为了帮助参加网络教育学习的学生及时解决学习中遇到的各类问题，学院建立了远程音视频在线答疑系统。学生根据学院网站主页上“学习园地”“实时直播与在线答疑”栏目中公布的在线答疑时间安排表，可以在线联系主讲教师进行个性化答疑辅导。根据课程特点和修读学生数的不同，一般每门课程每学期安排 1～4 次在线答疑。

8.3.1 学生端的系统配置

参加在线答疑，学生端的计算机配置需满足如下基本要求：

(1) 安装 Microsoft Windows 9x 、NT4 或 2000 、XP。

(2) 标准声卡，带耳机或麦克风和扬声器。

8.3.2 客户端程序的安装

参加在线答疑，首先需要安装客户端程序。其步骤如下：

(1) 点击华理网院网站首页“学习园地”FTP下载中心，进入FTP下载网址。

(2) 使用学生个人的用户名和密码登录，进入FTP下载中心主页，找到“音视频客户端下载程序”进行下载。

(3) 下载完成后，直接双击下载好的安装程序进行安装，安装时使用默认设置即可。

8.3.3 参加在线答疑的流程

(1) 进入答疑前，关掉屏蔽弹出窗口的软件或对此类软件做相关设置；关闭媒体播放器和其他占用声卡的程序；检查耳机声音清晰度，麦克风的声音大小。

(2) 在学院网站首页“学生平台”输入你的用户名和密码，登录后在“课程列表”界面(图8-25)可以看到“答疑说明”“答疑开始时间”“答疑结束时间”等栏目。如果答疑说明文字有下画线链接，且当前时间在答疑时间段内，就可以点击“答疑说明”中带下画线的课程答疑链接，参加相应课程的答疑(若答疑说明下的课程答疑未带下画线的说明当前没有在线答疑，具体时间见网院主页“学习园地”中的答疑安排)。

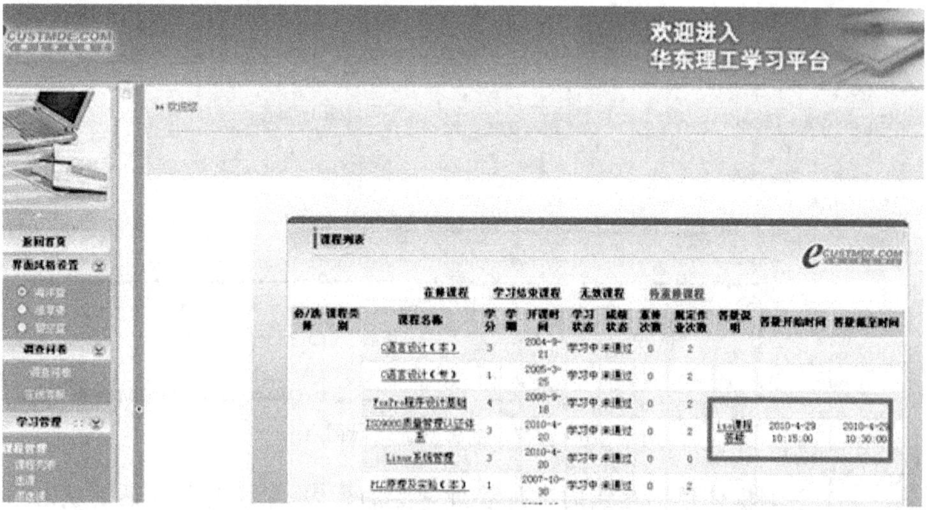

图8-25 学生平台“课程列表”界面

(3) 点击“课程列表”中的链接,弹出如图 8-26 所示窗口。

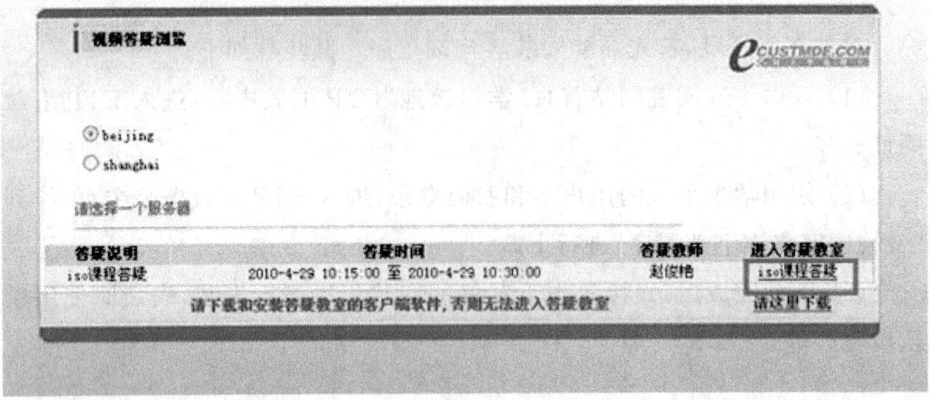

图 8-26　“视频答疑浏览”界面

(4) 选择图 8-26 中带下画线的课程答疑链接,即可进入答疑系统,如图 8-27 所示。

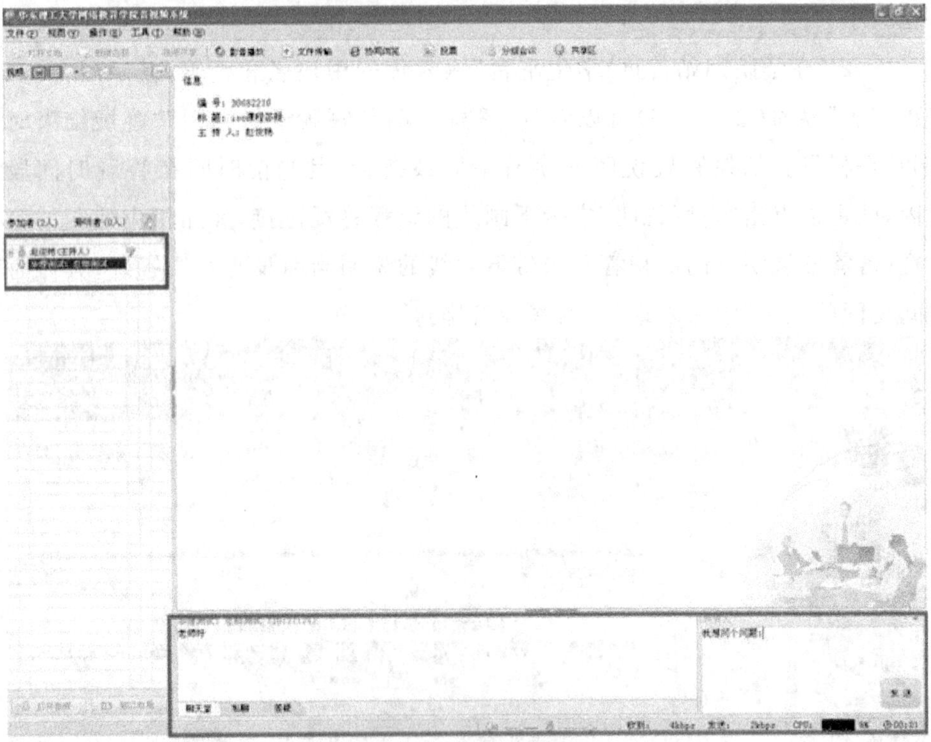

图 8-27　学生端答疑界面

(5) 左侧框体里面是当时参加答疑学生的列表,名字前面的话筒状态表示你是否有话语权，如果主讲教师给你话语权限，并且你有耳麦的话，你可以与答疑老师进行语音交流；如果你没有耳麦的话，你可以通过下方框体的区域跟教师进行文字交流。通过在右面的对话框中输入需要发送的话，点击发送即可让老师和其他同学看到。

由于在线答疑时间安排比较紧张，对主讲教师的直面提问机会难得，学生参加在线答疑时应该做好下列准备工作：检查在线答疑系统安装是否准确、网络是否畅通、在线答疑平台是否能够登录；对课程进行预习，拟好想提交解答的问题等。只有做好充分的准备，才能在有限的时间内达到答疑解惑的目的。

8.4 使用课程论坛

为了缩短接受远程教育的学生与教师在时空上的距离，学院为每门课程建立了课程论坛，作为学生与教师沟通的重要桥梁。使用课程论坛具体步骤如下：

(1) 学生凭用户名和密码登录学生平台，点击课程列表中的相关课程(如微观经济学)，可以看到如图8-28所示“课程论坛”按钮。

图8-28 进入课程论坛(BBS)

(2) 点击“课程论坛”按钮即可进入该课程论坛，见图8-29。在论坛中，可以看到所有学生提出的问题和老师给予的解答。

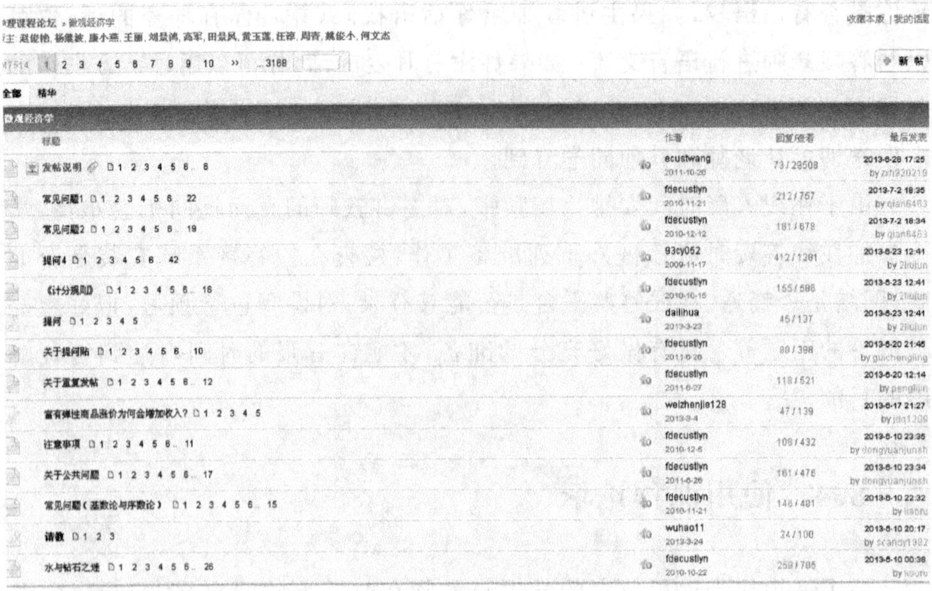

图 8-29 “课程论坛”界面

(3) 如要通过发送新帖提问,在课程论坛帖子列表界面的右上或右下位置,单击“新帖”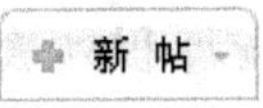图片链接,就会进入“发新话题”界面(图 8-30)。在标题框中输入标题,在内容编辑框中输入帖子内容,如果需要输入公式或者绘图,可以进入 ScienceWord 模式,单击“发新话题”按钮即可将主题发出。

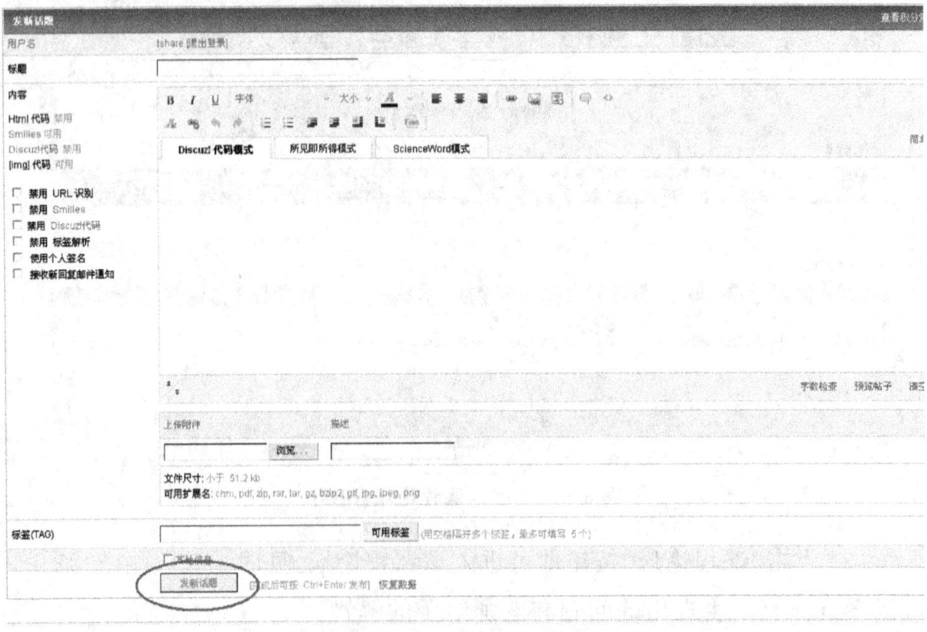

图 8-30 “发新话题”界面

（4）要在已有提问后面再提问，可直接在“课程论坛”界面的下方“快速回复主题”区域（图 8－31）输入标题和内容，单击“发表帖子”按钮即可发表跟帖。

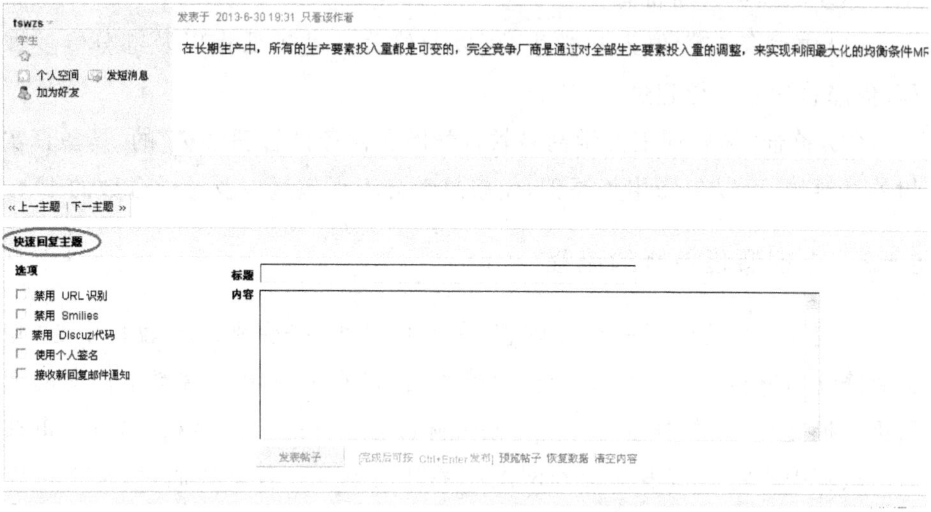

图 8－31　“快速回复主题”区域

学生发送的帖子，课程辅导老师将在 48 小时内给予回答。

8.5　如何办理课程免修或免试

课程的免修或免试可以参见网院主页“学员须知”中的“华东理工大学网络教育学院免修免试管理办法”。

学院针对不同性质入学的学生采取有条件的免修或免试。若课程被核准免修，那么该课程可免考，并按课程学分收取的学费将退还或抵扣；若课程被核准为免试，那么该课程只可免考，不退还课程学费。

8.5.1　免修和免试的差异

免修和免试在办理条件上主要差异在办理时间上。网络学院根据各专业教学计划按学期开课，通常新生在入学开学一个月内，可按免修申请流程办理免修手续（参照“华东理工大学网络教育学院免修免试管理办法”），学生可以根据专业教学计划，对各学期课程（可以是以后学期还未开课的课程）提出免修申请。若超过开学日一个月以后提出申请，那么本学期的课程就不能免修,只可免试。以后各学期以此类推。

8.5.2 可办理课程免修的类别

办理课程免修通常有:

(1) 本科第二学位入学学生,可以免修公共基础课程以及部分专业课程,免修总学分不得超过 30 学分。

(2) 符合"华东理工大学网络教育学院免修免试管理办法"的,具备真实相关材料的,可以免修相关课程,免修总学分不得超过专业总学分数的 1/4。

8.5.3 办理课程免修的流程

新生在入学开学日一个月内将"免修申请表"提交到所属教育中心,相关免修证明材料电子文档上传至网院平台(已在入学电子材料中提交的无须重复提交)。教育中心负责核对证明材料与原件的真实性和一致性,审核后由教育中心将申请表提交到网院相关部门审核。若审核通过,学生可以在个人学习平台"教学计划查询"栏目中看到课程已经免修,并能看到相应成绩(图 8-32)。

教学计划查询

ECUSTMDE.COM

必/选修	课程类别	课程名称	学习状态	学习成绩	成绩状态	所占学分	学期
		世界政治与经济关系	学习结束	合格	通过	4	1
		计算机应用基础(本)	学习结束	93.00	通过	5	1
		大学英语(3)(本)	学习结束	75.00	免修通过	4	1
	公共基础课	现代远程教育概论(本)	学习结束	合格	通过	1	1
		统考英语B	学习中		未通过	0	1
		统考计算机	学习中		未通过	0	1
		大学英语(4)(本)	学习结束	75.00	免修通过	4	2
		经济法(本)	学习中		未通过	4	2
		国际金融(本)	未申请学习			4	3
		项目管理	未申请学习			5	3
必修课	专业必修课	国际市场营销学(本)	未申请学习			4	4

图 8-32 "教学计划查询"界面

8.5.4 可办理课程免考的类别

持有相关职业资格证书的学生可申请相应课程的免考。办理流程同课程免修。

复习思考题

1. 学生在进入课程学习之前，需要做好哪些准备？

2. 要了解所学专业的课程设置，应进入学院网站主页的哪个栏目？

3. 学院为学生已开课的课程标识是什么？

4. 要下载《教学大纲》和《考试大纲》，应进入学习平台中课程相关信息界面上的哪个栏目？

5. 学院为学生提供的远程学习有几种方式？分别简述之。

6. 学生在线学习课程课件，在哪几种情况下，平台不记录学习时间？

7. 课程课件和课程辅导课件有何区别？

8. 直播课程的录制资料多久会上传到 FTP 服务器供学生下载？

9. 要了解考试预约时间、实验开放时间、论文各阶段节点时间等与教学安排有关的资料，可在网院主页的哪个栏目便捷查询到？

10. 在线直播课程学生是否必须到教育中心集体收看、学习？如果缺席，能否补救？

第9章

作业与考核

9.1 课程作业分类和成绩评定

课程作业是帮助接受网络教育的学生能更好地理解所学课程内容，检验学习效果的一种方式。华东理工大学网络教育为课程设计的作业分为两类：

第一类是网上作业，每门课程的网上作业一般有2套，是由作业题库中随机抽取生成的。每学期，学院在规定时间发布网上作业，在这段时间内学生可从学习平台中进入课程学习界面查看到网上作业，网上作业需要在线完成，未完成的作业可以保存，完成后再确认提交（注意：必须在网上作业完成的截止日期前提交），提交后即可查询到作业成绩和答案。2套网上作业成绩也是课程作业成绩的一部分。

各专业教学计划中的大多数考查课程以完成网上作业的方式作为课程考核的一部分。

第二类是阶段练习，每门课程的阶段练习一般有4套，是主讲教师根据该课程的大纲及学习要求按章节顺序整理的，附有参考答案。阶段练习作业，学生可从学习平台进入课程学习界面点击“阶段练习”下载。

阶段练习的下载及完成网上作业的具体操作流程详见第7章。

9.2 考核形式和总成绩的组成

9.2.1 考核形式

华东理工大学网络教育根据远程教学和成人学员的特点，根据各专业培养要求对专业课程计划中的课程区分不同的属性，采用不同的考核方式，以体现其成人学习特色。对课程学习效果的评价实行期终考试与过程考核相结合的方式,即每门课程除了期终考试外,还对学习过程的若干环节进行考核,两者按不同比例计入总成绩。为体现公平考试原则,学生进入考场必须严格遵守考场规则,考试期间不得使用任何电子器材。

目前课程期终(补考)书面考试形式有两种,即闭卷、开卷。

(1) 闭卷考试:学生不得将任何与考试相关的复习资料包括教材、作业等带入考场,完全独立答题。

(2) 开卷考试:学生在考试时可以查看教材和自己准备的复习资料,但是不得传借他人的复习资料。

除了书面试卷考试外,部分课程如计算机应用基础、Foxpro 程序设计基础等根据课程的要求,还需进行上机操作考试。部分考查课程采用网上作业形式进行考核。所有考试都要求学生独立答题,不得互相讨论。

9.2.2 总成绩的组成

每门课程总成绩的组成可以参见"华东理工大学网络教育学院(网教字【2015】8 号)关于印发《华东理工大学网络教育学院学生学习过程考核管理办法(2015 秋修订)》"的通知执行(见网院主页"学员须知"栏目)。

其中,过程考核成绩由以下几部分组成:

(1) 平时成绩:由教育中心根据学生的学习情况给出,主要考查学生各类助学活动的出勤率及学习态度。若办理了课程重修,则该项取历史学习过程记录与当前学习过程记录中的最高值。

(2) 网上作业:每学期每门课程完成网上作业(在线)2 套,平台选取其中一个较高的成绩,再按一定的比例折算计入总分。若办理了课程重修,则该项取历史学习过程记录与当前学习过程记录中的最高值。

(3) 课件点击次数:统计课件点击次数(学生在学生平台"课件点播"点击网上课件),两次点击课件相隔必须大于 15 分钟,小于 15 分钟的点播不记录;每有效点击 1 次得 1 分。若办理了课程重修,则该项取历史学习过程记录与当前学习过程记录中的最高值。

(4) 课程调查问卷:学生在规定时间内完成对某门课程的在线调查问卷,即可等到相应的分数。若办理了课程重修,则该项取历史学习过程记录与当前学习过程记录中的最高值。

(5) 阅读课件时长:统计课件阅读总时长,部分课程作为考核的指标,其他课程作为核定平时成绩的参考。若办理了课程重修,则该项取历史学习过程记录与当前学习过程记录中的最高值。

提示:可在学生平台“过程考核办法查询”中查看到所学课程的考核标准及要求;在“过程考核学习记录”中查看自己在平台中学习过程的各项学习记录(具体操作见第7章)。

当学员学习的该门课程的总成绩达到60分以上(含60分)即为合格,可取得该课程规定的学分。

9.3 课程考试安排、预约和缓考

课程期终考试每年组织4次,每学期2次,一般安排在3~4月、6~7月、10~11月和12~1月举行。根据考试安排的时间通常设定年月作为考试批次的代码,例如201212考试批次、201303考试批次。其中6~7月和12~1月的考试主要是每学期新开课程的考试,3~4月和10~11月为补考(错过了常规考试时间或考核总成绩未通过的)。比如,秋季入学的学生第一次考试是12~1月份,如果无法参加本次考试或考后总成绩未通过,可以选择参加3~4月份的考试;春季入学的学生第一次考试是6~7月份,无法参加该次考试或考后总成绩未通过,可以选择参加10~11月份的考试。考试时间通常安排在周末两天,考试地点在各教育中心所在地。在无特殊情况下,学生都必须到所就读中心参加考试,在考试人数较少的情况下也可能合并到其他教育中心考试。

与一般全日制学习不同,考虑到学生学习进度差异和学生因在职而合理安排学习周期的因素,学生参加各门课程的考试都必须提前进行预约,只有进行考前预约,学院(教育中心)才安排学生考试场所和试卷。考试预约时间一般在该考试批次前一个半月(具体时间见主页“学习日历”栏目或“课程考试通知与安排”栏目)。每次考试预约开始前,学院会将考试日程安排和考试说明(如考试形式)挂在学院网站首页上,学生可以查看到自己所学课程的考试时间安排,考试预约在规定时间内进行,如在规定截止时间前未进行考试预约的,学生将不能参加当前考试批次的课程考试。考试预约通过学习平台中的“课程考试预约”功能实现,学生在当前考试批次需参加考试的课程前打钩(同一考试时间下有多门课程的,只能预约其中的一门),并点击“确定”后即预约成功(具体操作见第7章)。

已预约成功的考试课程,学生如因故无法参加考试的,可在预约结束后至考试日前三天期间提出缓考申请,将填写完整的缓考申请表交至教育中心确认，由教育中心老师通过平台提交缓考申请，并将缓考申请表发至学院。缓考课程不计考试次数；缺考将记为一次考试。

提示：考试预约结束一周后学生可在学习平台“课程考试考场安排”中查看各门考试的考场和座位号，并可打印作为准考证以备用。考试时需带好身份证和学生证，英语课程考试还需带 2B 铅笔；制图课程考试须带好必要的绘图工具。所有考试都不得使用带有存储功能的电子产品。

9.4　课程重修

课程总成绩未达到 60 分者可免费参加一次课程补考。若补考后仍不合格，须重新学习该门课程，并按有关收费标准交付重修学费。某门课程总成绩合格但未达到本科生申请学位规定要求或本人的期望值的，学生也可提出重修申请，按重修课程申请办法办理。

重修课程的学生需重新参加课程考试，但其他过程考核是否重新完成可以选择。即已办理重修的学生可在考试之前重新完成课件点播、课程论坛发帖及网上作业和阶段练习等学习过程，作为当前过程考核记录，在计算总成绩时取历史过程考核和当前过程考核分项成绩中最高值；如重修后未重新完成所有各项学习过程，则以历史过程考核成绩参与总成绩计算。

课程重修的具体办理程序如下：

(1) 学生自行在学院网站主页“学习园地”→“常用表格下载”(图 9-1)中选择《课程重修申请表》(见图 9-2)下载，填写完整后交给所在教育中心；

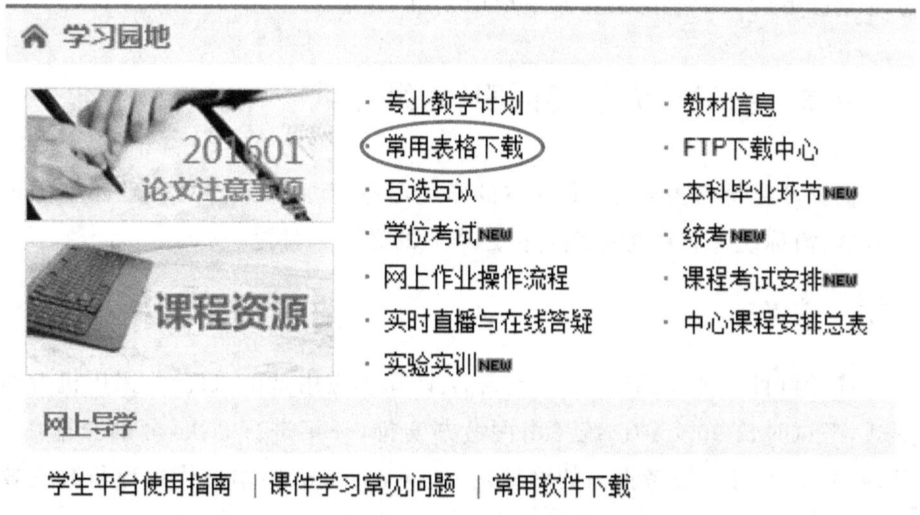

图 9-1　“常用表格下载”位置

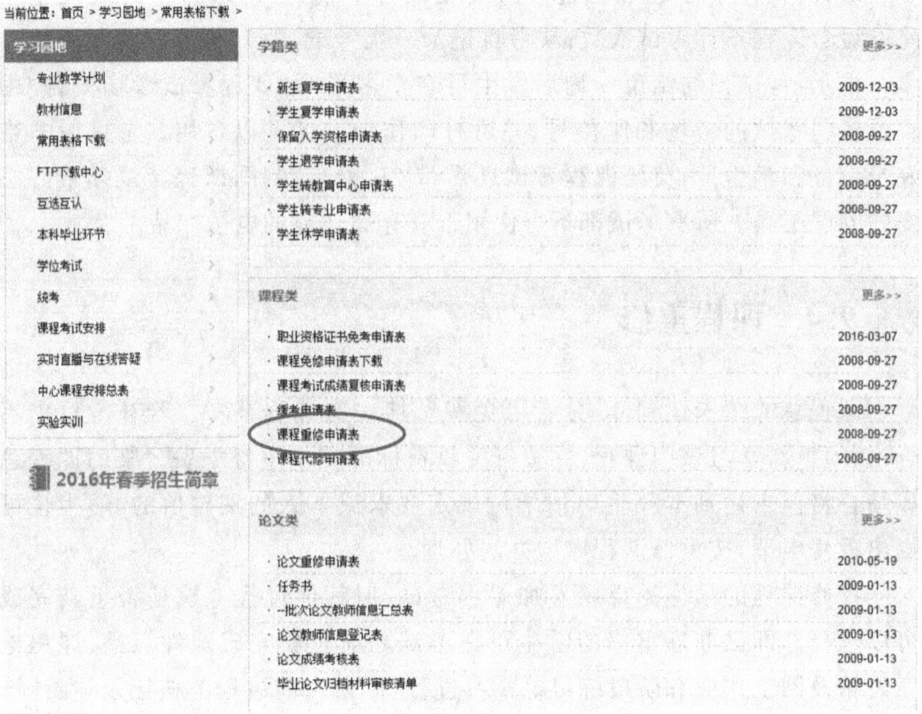

图 9-2 “课程重修申请表”下载位置

(2) 教育中心在教务管理平台中提交重修申请,生成重修费订单,学生通过 POS 机成功交费后,重修课程即刻开通。

提示:如重修课程要预约参加最近的一次课程考试,必须在规定时间内办理重修申请。毕业论文重修申请请见第 10 章。

9.5 统考及大学英语四、六级考试

根据教育部有关规定,专升本的学生必须参加部分公共基础课全国统一考试(简称统考),统考成绩合格是毕业的必要条件之一。

9.5.1 统考安排

统考科目主要有两门:大学英语 B、计算机应用基础,目前均采用机考的形式,考试时长 90 分钟。统考由网考办安排,一年进行 3 次,分别安排在 4 月、9 月和 12 月。统考报名的网址是 www.cdce.cn(中国现代远程与继续教育网)(图 9-3),考点统一安排在全国各地的电大。

图 9－3　统考报考主页面

每次的统考报考通知，会在学院首页→公告栏和学习园地→统考中挂出(图 9－4)。

图 9－4　统考通知页面

9.5.2 统考报考注意事项

(1) 学生报名时,需首先登录统考平台(www.cdce.cn)选择"网院考生入口",注册一组用户名和密码,然后按照平台提示关联个人基本信息。

(2) 考生登录统考平台个人信息管理系统后,务必核对个人信息,个人信息无误后再报考。如个人信息有误(尤其是姓名、学号、身份证号和照片),请及时联系所属教育中心,待个人信息修正后再报考。考试时如基本信息有误,不能进行现场勘误,故不得参加考试。

(3) 考生个人从选择报考轮次开始到报考缴费成功须在30分钟内完成。缴费是通过网考办支持的银行卡开通网银进行网上缴费,每科次收费35元。

(4) 统考跨省异地报名申请。目前,统考平台根据学生学籍所在地对学生统考报考的考点进行限制,如学籍所在地为上海的学生,在统考报名时只能选择上海市的考点,学籍所在地为浙江的学生,统考报名时平台默认只能报考浙江省内的考点。考生个人因特殊原因确实需要跨省异地考试,请告知所属教育中心管理老师。教育中心严格审核后,报给网络学院管理人员,网院严格审核后上报网考办,由网考办开通学生异地报名功能。

(5) 缴费完成后,可通过系统中"考生网上缴费"菜单下的"缴费信息查看"进入查看页面,对各科目缴费情况进行查看。

(6) 考生报考时务必要选择正确的考试科目。目前我院所有专业的本科学生报考统考均选择"大学英语B"和"计算机应用基础"。学生如报考科目有误,可及时登录统考平台,只修改报考科目即可,无须重新缴费和占座。在报名截止后,则不能再修改报考科目。

(7) 每次统考报名时间约为20天,由于考生集中报考的影响,统考平台在报名开通的前两天和后两天网络异常繁忙,容易出现拥堵和无法报考的情况,故考生应注意尽早报名,避免在报名最后时间因网络故障无法报考。

(8) 参加考试时,务必带二代身份证和准考证,缺一不可。一般在考试前两周,考生可从统考平台下载打印准考证。

(9) 考试时,请遵守考场纪律。根据《试点高校网络教育部分公共基础课统一考试试点工作管理办法》(网考委〔2005〕01号)文件第七章"考试违纪处理"之第三十七条规定和实际操作情况,有考试违纪行为的考生,其相关科目的考试成绩无效;有考试作弊行为的考生,当次考试全部科目成绩无效，并给予停考两次的处罚。代替他人或由他人代替参加考试者，取消统考资格。

(10) 统考成绩：一般在考试结束后一个月左右的时间，网考办在统考平台公布考试成绩，成绩只公布合格、不合格、缺考、违纪、作弊和替考，不公布考试分数，学生可登录统考平台查询。如考生对成绩有疑问，可根据具体通知办理成绩复核。

9.5.3 统考免考政策

根据教育部规定，自 2004 年 3 月 1 日(含 3 月 1 日)以后入学的本科层次网络学历教育的学生在参加试点高校网络教育部分公共基础课统一考试中，符合下列条件可申请免考：

(1) 已具有国民教育系列本科以上学历(含本科)的学生，可免考全部统考科目。

(2) 除计算机类专业学生外，获得全国计算机等级考试一级、一级 A、一级 B，或以上级别证书者可免考“计算机应用基础”，其他计算机等级证书获得者目前不能免考该课程。

(3) 除英语专业学生外，获得大学英语等级考试(CET)4 级或以上级别证书者、全国公共英语等级考试(PETS)三级或以上级别证书者、省级教育行政部门组织的成人教育学位英语考试合格证书者，可免考“大学英语”；参加改革后的四、六级考试，成绩达到 420 分的考生可免考“大学英语”；2006 年 1 月 1 日后，大学英语四、六级考试将不再作为统考“大学英语”免考的条件。

(4) 在入学注册时年龄满 40 周岁的非英语专业学生可免考“大学英语”。“入学注册时年龄满 40 周岁”是指按学生本人身份证上的出生日期为计算起点，在所就读的试点高校网络教育学院实际入学注册日期为终点进行计算的年龄。

(5) 除英语专业考生外，户籍在少数民族聚居地区的少数民族学生可免考“大学英语”。其民族身份的确认以本人身份证上的记载为准。

(6) 修学俄语、日语的学生可以参加大学英语 C 统考；也可以通过取得国家承认的俄语、日语考试合格证书，免除大学英语统考。具体如下：

① 专业外语为日语的学生，可参加大学英语 C 统考；也可以通过取得日本语能力测试(JLPT)三级或以上级别证书，或取得日语专业四级或八级

证书的条件,免除大学英语统考。

② 公共外语为日语的学生,可参加大学英语 C 统考;也可以通过取得日本语能力测试(JLPT)四级或以上级别证书,或取得大学日语四级证书的条件,免除大学英语统考。

③ 公共外语为俄语的考生,可参加大学英语 C 统考;也可以通过取得大学俄语四级证书的条件,免除大学英语统考。

符合以上统考免考规定的学生,可向所属教育中心管理人员提出,由管理老师在教务管理平台提出统考免考申请。

9.5.4 统考复习资料

在每位本科学生的学习平台,开设有两门统考课程(统考英语和统考计算机),在课程的阶段练习与课件点播功能里,有统考复习资料。另外,每次统考前,学院均聘请有丰富辅导经验的教师进行网络直播辅导,辅导课的视频与资料等会上传至学生平台→统考英语或统考计算机课程的课件点播下载,可方便学生点播学习。

9.5.5 大学英语四、六级考试

网络教育在读专升本学生自第 2 学期起、高起专学生在第 4 学期起,可报名参加大学英语四级考试。符合六级报考条件的在读学生可报名参加大学英语六级考试。考试时间一般为每年的 6 月和 12 月,具体的报考通知一般在每学期开学 3 月份和 9 月份挂在学院网站→首页公告栏中。学生可按报考通知要求进行报名。报名的拍照确认和考试必须在华东理工大学进行。报名的一般程序是预先在网上报名,然后进行现场拍照、缴费确认。准考证和成绩单由学院下发到各教育中心,学生可至所属教育中心领取。

9.5.6 全国英语等级考试(三级)(PETS－3)

全国英语等级考试(Public English Test System,简称 PETS),是教育部考试中心设计并负责的全国性英语水平考试体系。考试分为笔试和口试两部分,内容包括听力、语言知识、阅读、写作、口语。笔试和口试均合格者,由教育部考试中心颁发合格证书,如只有笔试合格,则颁发笔试合格证。根据统考免考相关规定,学生如获得 PETS－3 合格证书或者笔试合格证可免考统考英语;根据我院相关文件规定,学生如获得 PETS－3 合格证书或者

笔试合格证，可以免修或免试与英语有关的课程等。

PETS-3 报名由学生自行报考，报名时间为每年的 6 月和 12 月。考试时间分别为每年 9 月第二个周六、周日和 3 月第二个周六、周日。具体报名时间和地点，请关注当地的教育考试院发布的通知。

复习思考题

1. 课程作业分为哪几类？分别可在哪里查看或下载？
2. 课程期终考试形式有哪几种？
3. 考试课程总成绩由哪几部分组成，分别占多少比例？
4. 考查课程总成绩由哪几部分组成，分别占多少比例？
5. 通识类课程的过程考核标准是如何的？
6. 课程期终考试日程安排可在哪里查询？考试预约是在哪里完成的？
7. 课程考试预约结果可以在哪里查询和打印？
8. 教育部组织的全国试点高校网络教育统考科目有哪几门？

第10章 实验实训与毕业环节

实践教学是整个网络教学过程中的重要组成部分，旨在培养学生的创新意识和实践能力，它是远程教育培养应用型、技能型人才的目标不可缺少的环节。实践教学包括课程实验、技能培训和毕业环节等。

10.1 如何参加实验实训环节

实验实训环节一般指课程实验、课程设计和技能训练。学生可以通过查阅教学计划和各门课程的实验教学大纲，了解本专业涉及实验实训环节的具体内容、要求和时间安排。

目前，实验实训教学主要采用两种方式：(1)本地实验(由当地教育中心组织的现场实验)；(2)网上虚拟实验。

10.1.1 本地实验实训

本地实验实训是由具备相关实验实训设备和指导教师的本地教育中心负责(在开设有关专业时已对实验实训条件做出明确的规定)，按实验实训课程表集体组织，分期分批地开展实验实训教学活动。

本地实验实训主要应用于对实验实训要求较高，且必须亲身体验的一些工科专业，如化学工程与工艺专业、机电一体化专业等。教育中心可根据课程实验教学大纲的要求，制定实验实训的实施细则，安排一定数量的、具有带学生实验资格的指导教师、安排学生实验时间和地点、完成本地实验学生实验报告成绩评定等。

指导教师按照课程实验实训实施细则进行教学，指导学生完成实验实训的全过程。学生在教师的指导下，在实验室里操作真实的实验设备，实地完成相应的实验实训教学内容，在实验实训过程中遇到困难可及时得到指导教师的帮助。

10.1.2　网上虚拟实验

网上虚拟实验主要用于注重观察、动手能力要求不高，且不具备开设本地实验条件的一些实验。

网上虚拟实验是由学生个人运用宽带网络接入技术进行虚拟实验。它的优点是不需要真实的实验设备，可以允许多人同时在线进行实验，学生操作的不是真实的设备，而是通过多媒体技术制作的计算机虚拟实验装置。

学生登录网上实验的具体步骤如下：

（1）学生首先进入网络教育学院的主页面（图 10－1）。

图 10－1　网络教育学院的主页面

（2）在网络教育学院的主页面右侧有一个比较醒目的“远程实验室”图标，点击“远程实验室”图标，如果不在网上实验开放的日期内，将会出现一个“不在实验室开放时间内”的提示。在实验开放时间，可用学生平台的用户名和密码登录实验平台（图 10－2）。

图 10-2　实验平台页面

下面详细地介绍一下登录到实验平台做网上虚拟实验的步骤：

(1) 用学生平台个人用户名和密码，进入网上远程实验室(图 10-3)。

图 10-3　实验平台登录界面

(2) 登录后，点击“虚拟实验”后，学生可看到当前在读含有实验的课程名称(图 10-4)。

图 10－4　在读课程的网上虚拟实验

（3）选择相关的课程，如有机化学实验（本），可看到本课程的全部的实验名称（图 10－5）。

图 10－5　有机化学实验（本）网上虚拟实验的实验名称

（4）点击要做实验名称后的“实验地址”，如实验六环己烯的绿色合成，就可看到实验的基本要求（图 10－6）。

（5）点“实验操作”可看到该实验的相关栏目（包括实验目的原理、实验视频、操作步骤等）（图 10－7）。

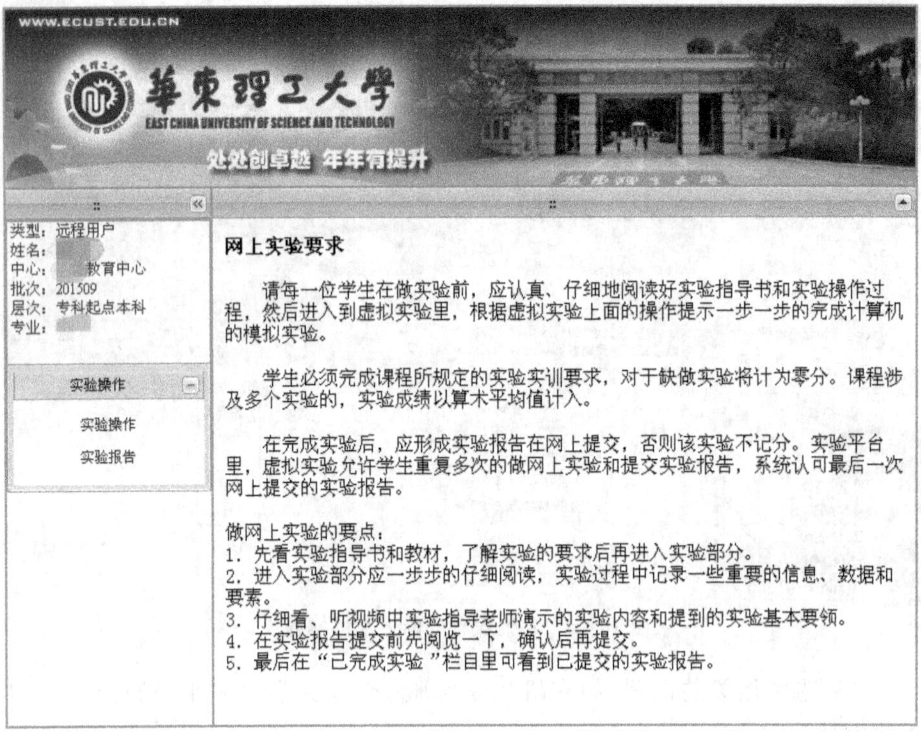
WWW.ECUST.EDU.CN
華東理工大學
EAST CHINA UNIVERSITY OF SCIENCE AND TECHNOLOGY
处处创卓越 年年有提升
类型：远程用户
姓名：
中心： 教育中心
批次：201509
层次：专科起点本科
专业：
实验操作
实验操作
实验报告
网上实验要求
请每一位学生在做实验前，应认真、仔细地阅读好实验指导书和实验操作过程，然后进入到虚拟实验里，根据虚拟实验上面的操作提示一步一步的完成计算机的模拟实验。
学生必须完成课程所规定的实验实训要求，对于缺做实验将计为零分。课程涉及多个实验的，实验成绩以算术平均值计入。
在完成实验后，应形成实验报告在网上提交，否则该实验不记分。实验平台里，虚拟实验允许学生重复多次的做网上实验和提交实验报告，系统认可最后一次网上提交的实验报告。
做网上实验的要点：
1. 先看实验指导书和教材，了解实验的要求后再进入实验部分。
2. 进入实验部分应一步步的仔细阅读，实验过程中记录一些重要的信息、数据和要素。
3. 仔细看、听视频中实验指导老师演示的实验内容和提到的实验基本要领。
4. 在实验报告提交前先阅览一下，确认后再提交。
5. 最后在“已完成实验”栏目里可看到已提交的实验报告。

图 10-6　做虚拟实验的基本要求

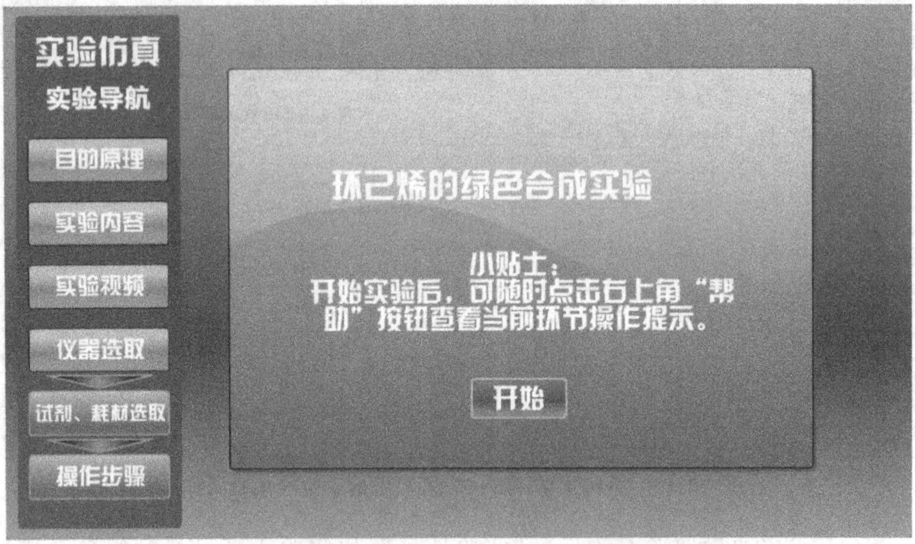
实验仿真
实验导航
目的原理
实验内容
实验视频
仪器选取
试剂、耗材选取
操作步骤
环己烯的绿色合成实验
小贴士：
开始实验后，可随时点击右上角“帮助”按钮查看当前环节操作提示。
开始

图 10-7　环乙烯的绿色合成实验——实验操作页面

(6) 根据教学要求按顺序进行学习，了解实验目的原理，实验内容、仪器选取以及实验操作步骤等(图 10-8)。

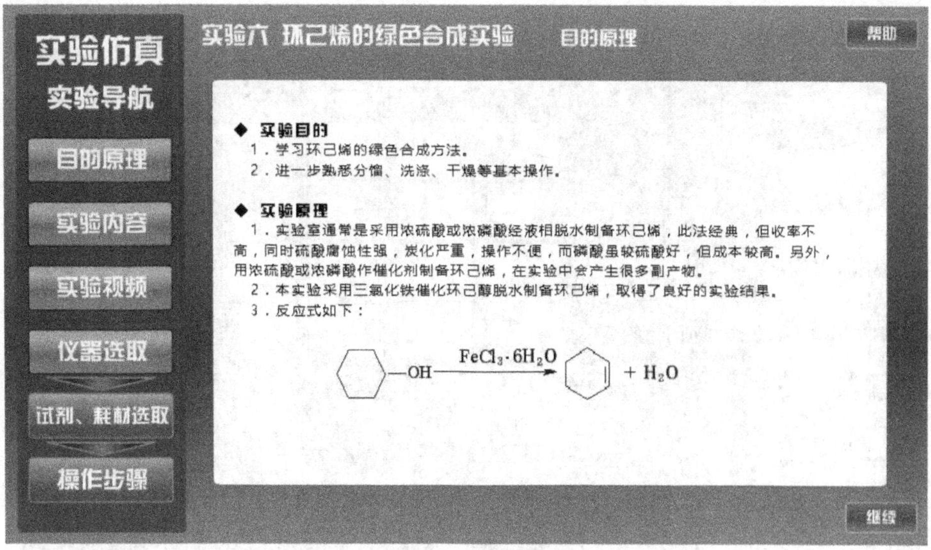
实验仿真
实验导航
目的原理
实验内容
实验视频
仪器选取
试剂、耗材选取
操作步骤
实验六 环己烯的绿色合成实验
目的原理
帮助
◆ 实验目的
1．学习环己烯的绿色合成方法。
2．进一步熟悉分馏、洗涤、干燥等基本操作。
◆ 实验原理
1．实验室通常是采用浓硫酸或浓磷酸经液相脱水制备环己烯，此法经典，但收率不高，同时硫酸腐蚀性强，炭化严重，操作不便，而磷酸虽较硫酸好，但成本较高。另外，用浓硫酸或浓磷酸作催化剂制备环己烯，在实验中会产生很多副产物。
2．本实验采用三氯化铁催化环己醇脱水制备环己烯，取得了良好的实验结果。
3．反应式如下：
—OH
FeCl3·6H2O
+ H2O
继续

图 10 - 8　实验导航里的实验目的原理介绍

(7) 学生全面的了解了实验指导后，再进入实验演示，通过实验指导老师现场做实验的视频，了解做本实验的要领、基本特点和实际的操作步骤等(图 10 - 9)。

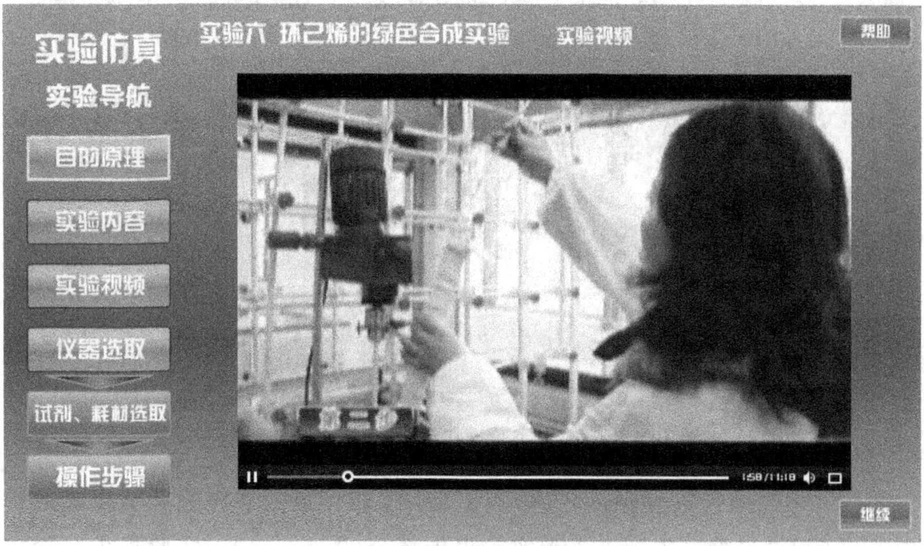
实验仿真
实验导航
目的原理
实验内容
实验视频
仪器选取
试剂、耗材选取
操作步骤
实验六 环己烯的绿色合成实验
实验视频
帮助
继续

图 10 - 9　实验演示

(8) 最后再进入到虚拟实验。根据前面在实验指导和实验演示里学到的知识和实验操作步骤，一步一步地进行虚拟实验操作(图 10 - 10、图 10 - 11 和图 10 - 12)。

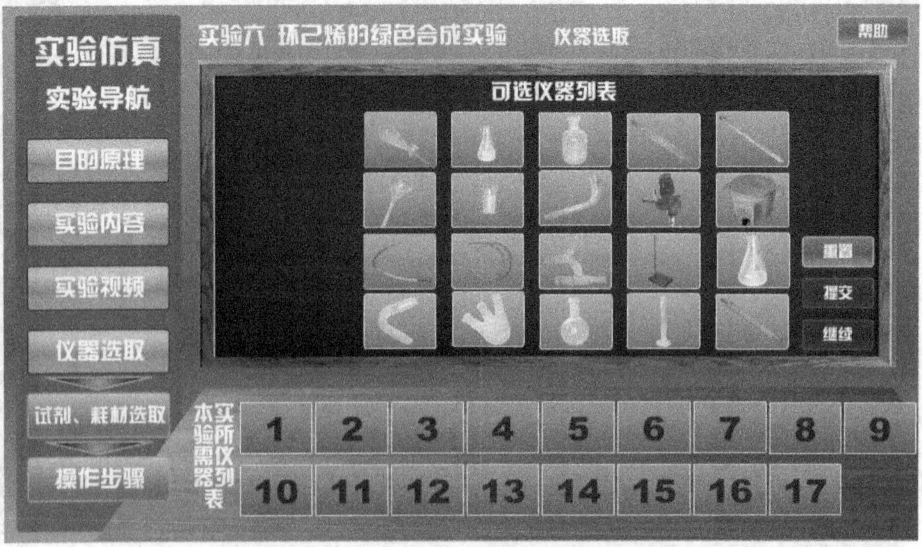

图 10-10 虚拟实验操作界面(仪器选取)

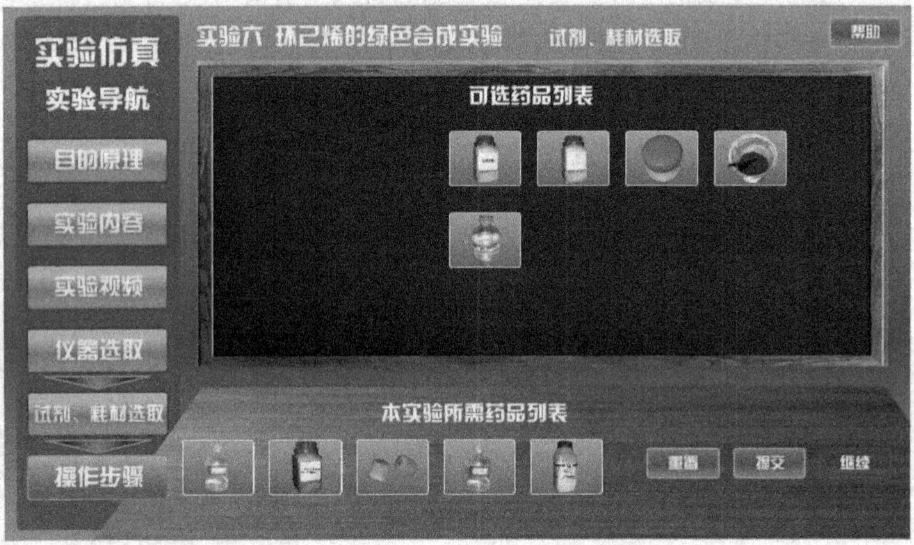

图 10-11 虚拟实验操作界面(试剂、耗材选取)

(9) 完成虚拟实验操作之后,点击关闭,退回到做本实验基本要求的页面。再点击"实验报告",进入到实验报告部分(图 10-13),实验报告一般由主观题和客观题组成。

(10) 部分实验需要将在虚拟实验操作中收集到的相关实验数据填入到实验报告中,并完成相应的选择题、思考题等(图 10-14)。

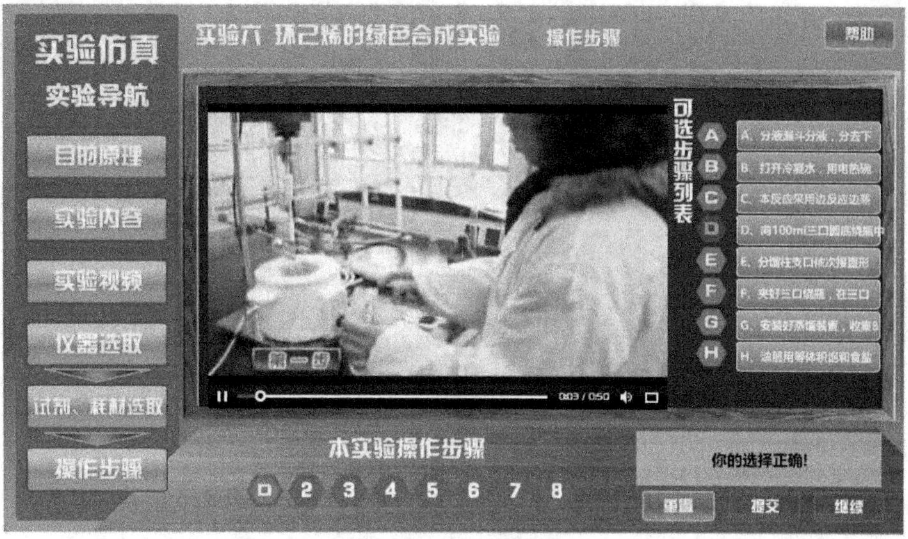

图 10-12 虚拟实验的操作界面(操作步骤)

图 10-13 虚拟实验的实验报告部分

(11) 点击“提交报告”,提交相应的实验报告(图 10-15)。学生做好实验后,一定要在网上将完成的实验报告提交上去,否则该实验被视为未完成,从而该实验会没有实验成绩。

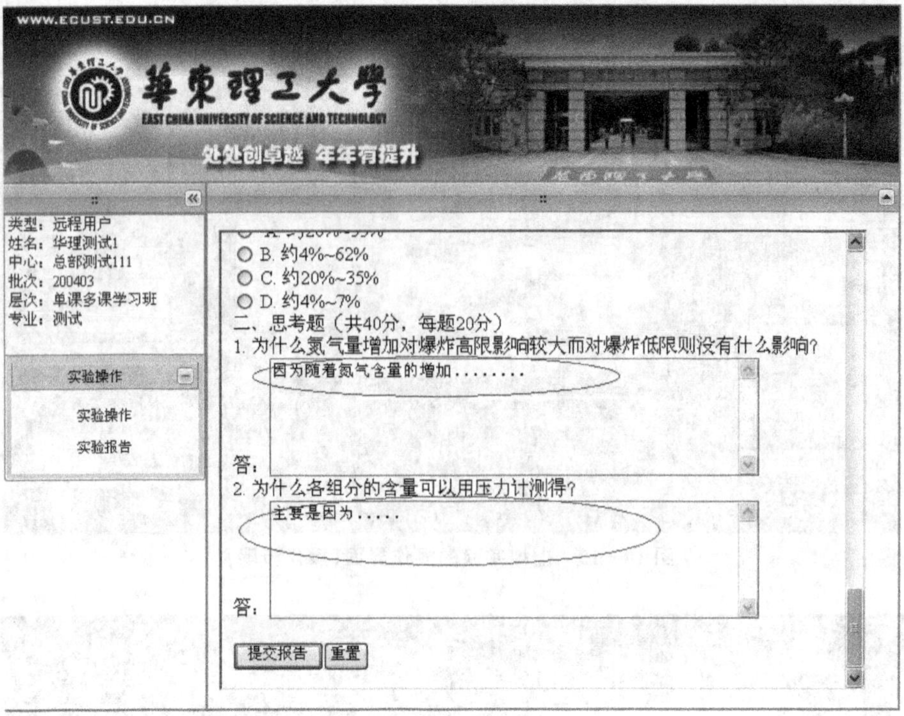
WWW.ECUST.EDU.CN
華東理工大學
EAST CHINA UNIVERSITY OF SCIENCE AND TECHNOLOGY
处处创卓越 年年有提升
类型：远程用户
姓名：华理测试1
中心：总部测试111
批次：200403
层次：单课多课学习班
专业：测试
实验操作
实验操作
实验报告
B. 约4%~62%
C. 约20%~35%
D. 约4%~7%
二、思考题（共40分，每题20分）
1. 为什么氮气量增加对爆炸高限影响较大而对爆炸低限则没有什么影响?
因为随着氮气含量的增加........
答：
2. 为什么各组分的含量可以用压力计测得?
主要是因为.....
答：
提交报告
重置

图 10－14　完成实验报告部分

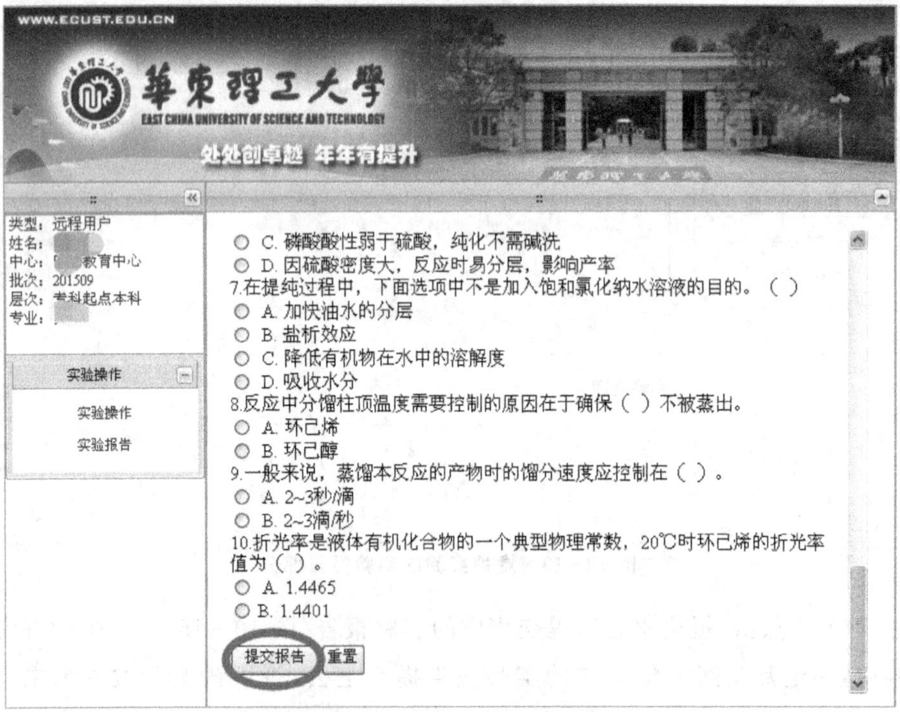
WWW.ECUST.EDU.CN
華東理工大學
EAST CHINA UNIVERSITY OF SCIENCE AND TECHNOLOGY
处处创卓越 年年有提升
类型：远程用户
姓名：
中心：
批次：201509
层次：专科起点本科
专业：
实验操作
实验操作
实验报告
C. 磷酸酸性弱于硫酸，纯化不需碱洗
D. 因硫酸密度大，反应时易分层，影响产率
7.在提纯过程中，下面选项中不是加入饱和氯化钠水溶液的目的。（ ）
A. 加快油水的分层
B. 盐析效应
C. 降低有机物在水中的溶解度
D. 吸收水分
8.反应中分馏柱顶温度需要控制的原因在于确保（ ）不被蒸出。
A. 环己烯
B. 环己醇
9.一般来说，蒸馏本反应的产物时的馏分速度应控制在（ ）。
A. 2~3秒/滴
B. 2~3滴/秒
10.折光率是液体有机化合物的一个典型物理常数，20℃时环己烯的折光率值为（ ）。
A. 1.4465
B. 1.4401
提交报告
重置

图 10－15　提交已完成的实验报告

（12）实验报告提交后在页面上应有一个“提交成功”的提示（图 10－16）。

图 10－16　实验报告提交成功后的提示

（13）学生做好实验后可以返回到实验主页面，将能查看到这个实验在“已完成”的状态下（图 10－17）。

图 10－17　已完成某个实验的页面

（14）另外学生也可在“已完成实验”中查看到完成的实验情况（图 10－18）。

（15）在上述的两个页面里，点击这个实验的“实验报告”或“查看实验报告”，可看到已提交的实验报告（图 10－19）。

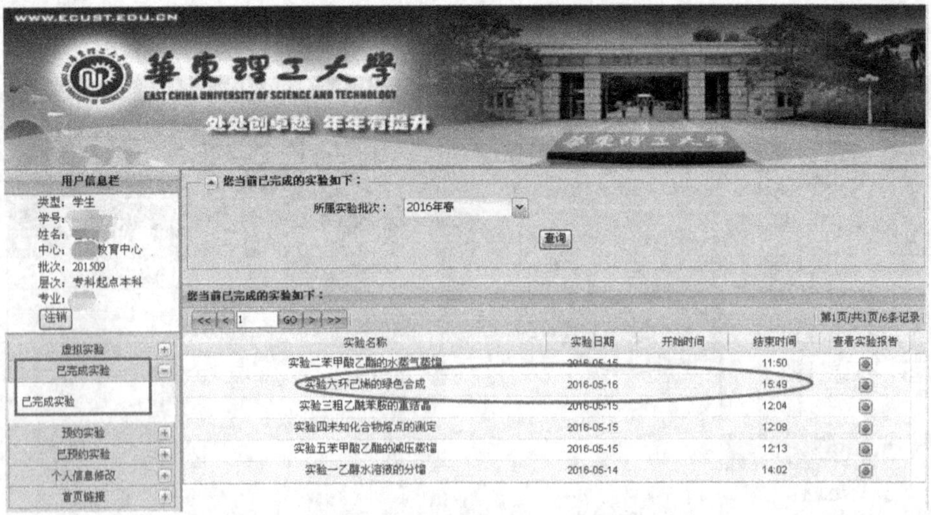

图 10－18 在已完成实验的页面中查看实验完成情况

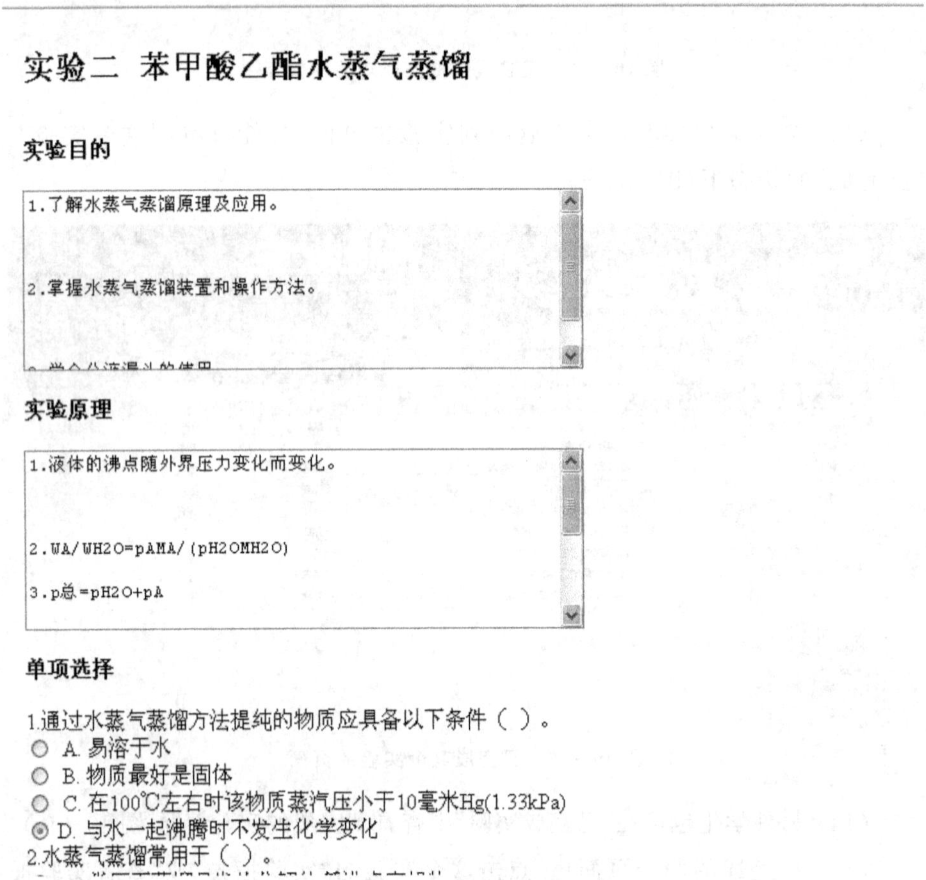

图 10－19 查看已提交的实验报告

10.1.3 网上实验时间的安排

网上实验一般每学期开放一次，春季开始时间在 4 月初，秋季开始时间在 10 月初，每次开放两个月。学院将在每次开放的前一周左右在学院网站“首页”→“网院公告”发布公告；网上远程实验更详细的具体要求、课程的实验教学大纲和本次远程实验所涉及的相关教育中心、相关专业、相关入学批次的同学信息，可在学院网站“首页”→“学习园地”→“实验实训”看到(图 10 - 20)。

图 10 - 20 网上实验开放通知

10.1.4 网上实验基本要求

每一位学生在做实验前，应认真、仔细地阅读好实验指导书和实验操作过程，然后进入到虚拟实验里，根据虚拟实验上面的操作提示一步一步地完成计算机的模拟实验。

做网上实验的要点：

(1) 先看实验指导书和教材，了解实验的要求后再进入实验部分。

(2) 进入实验部分应一步一步地仔细阅读，实验过程中记录一些重要的信息、数据和要素。

(3) 仔细看、听视频中实验指导老师演示的实验内容和提到的实验基本要领。

(4) 在实验报告提交前先阅览一下,确认后再提交。

(5) 最后在“已完成实验”栏目里可看到已提交的实验报告。

做实验时,应完成实验报告并在网上提交,否则该实验不记分。实验平台里,虚拟实验允许学生重复多次做网上实验和提交实验报告,系统认可最后一次网上提交的实验报告。

10.1.5 实验实训的记分方法

(1) 学生必须完成课程所规定的实验实训内容,缺做实验将计为零分。课程涉及多个实验的,实验实训成绩以算术平均值计入。

(2) 根据教学计划单独设立的实验实训课程,该实验实训课程成绩独立计算,单独记分。远程实验成绩占 60%,本地实验成绩占 40%。

(3) 根据教学计划非单独设立的实验实训课程,有网上实验的,其成绩作为课程过程考核一部分,按比例计入课程总成绩中。远程实验成绩占 10%,试卷考试成绩占 50%,平时成绩占 40%。

10.2 本科毕业论文的教学安排

华东理工大学网络教育的本科学生教学计划中必须修读的最后一门课程为毕业论文(设计)。本科毕业论文环节的教学分两步实施,共含 13 个学分。第一步,学习两门论文先修课程:“毕业论文(设计)撰写方法辅导”(1 学分)、“毕业环节社会实践”(2 学分);第二步,完成毕业论文或设计(10 学分)。毕业论文环节总流程见图 10-21。

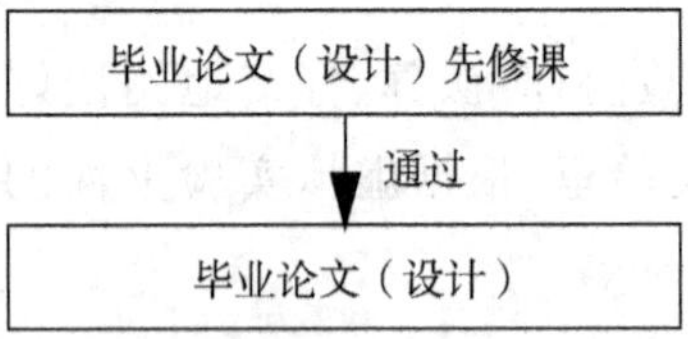

图 10-21 毕业论文环节总流程

10.2.1　毕业论文(设计)先修课

按专起本最低学习年限 2.5 年的教学进度安排,毕业论文(设计)先修课开设在第 4 学期,并要求在上半学期内完成课程学习和实践活动,提交实践报告。具体时间安排在开学前,注意查看网院公告的有关通知以及学习日历。

1. 毕业论文(设计)撰写方法辅导

"毕业论文(设计)撰写方法辅导"课程,以学生自主学习为主。学生打开华理网院主页,登录学生平台,选择"毕业论文(设计)撰写方法辅导"课程,进行课件点播,如图 10-22 至 10-26 所示。

图 10-22　网院主页—学生平台

图 10－23 登录学生平台

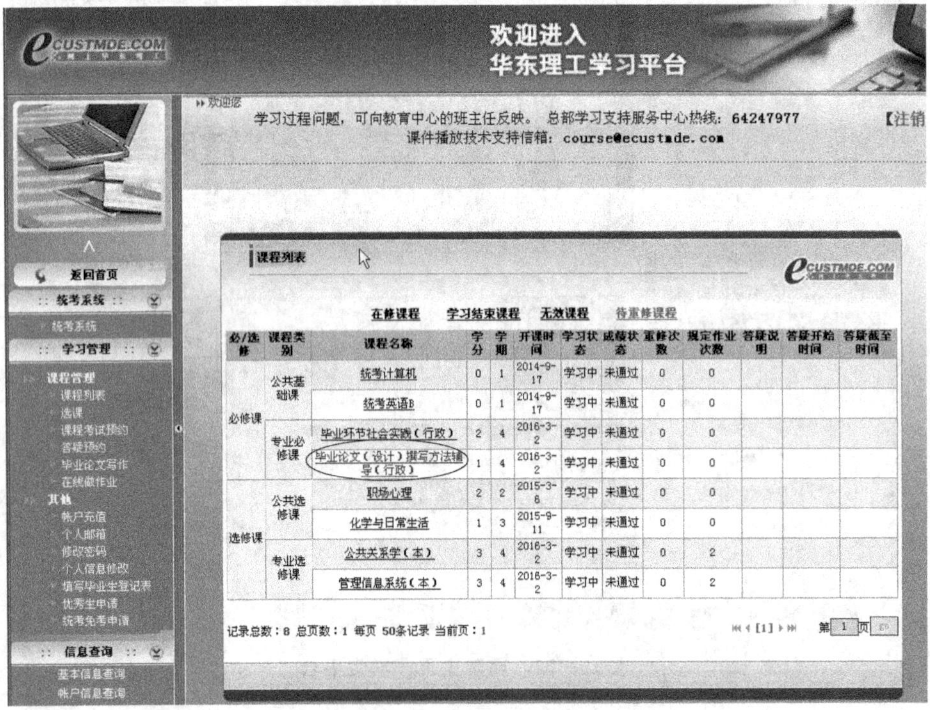

必/选修	课程类别	课程名称	学分	学期	开课时间	学习状态	成绩状态	重修次数	规定作业次数	答疑说明	答疑开始时间	答疑截至时间
必修课	公共基础课	统考计算机	0	1	2014-9-17	学习中	未通过	0	0			
		统考英语B	0	1	2014-9-17	学习中	未通过	0	0			
	专业必修课	毕业环节社会实践（行政）	2	4	2016-3-2	学习中	未通过	0	0			
		毕业论文（设计）撰写方法辅导（行政）	1	4	2016-3-2	学习中	未通过	0	0			
选修课	公共选修课	职场心理	2	2	2015-3-6	学习中	未通过	0	0			
		化学与日常生活	1	3	2015-9-11	学习中	未通过	0	0			
	专业选修课	公共关系学（本）	3	4	2016-3-2	学习中	未通过	0	2			
		管理信息系统（本）	3	4	2016-3-2	学习中	未通过	0	2			

图 10－24 选择《毕业论文(设计)撰写方法辅导》课程

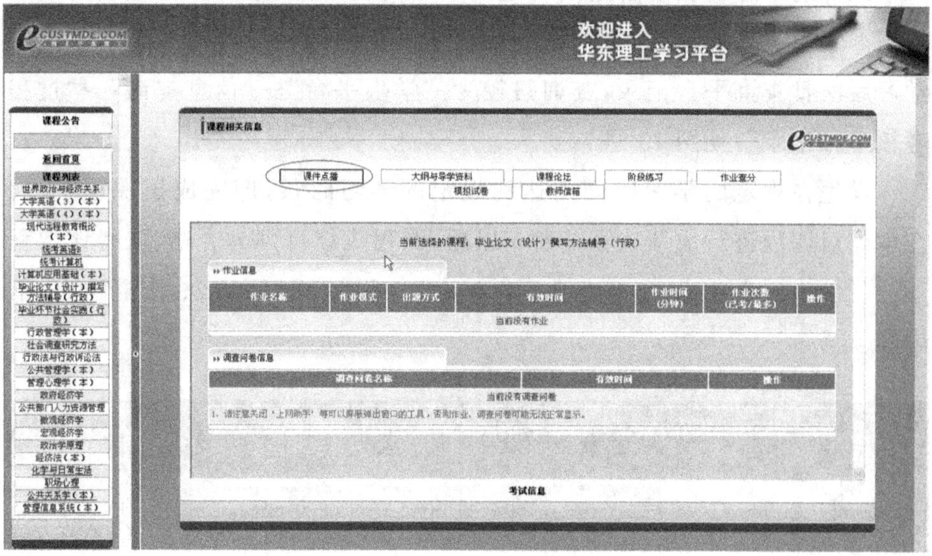

图 10－25　点击课件点播按钮

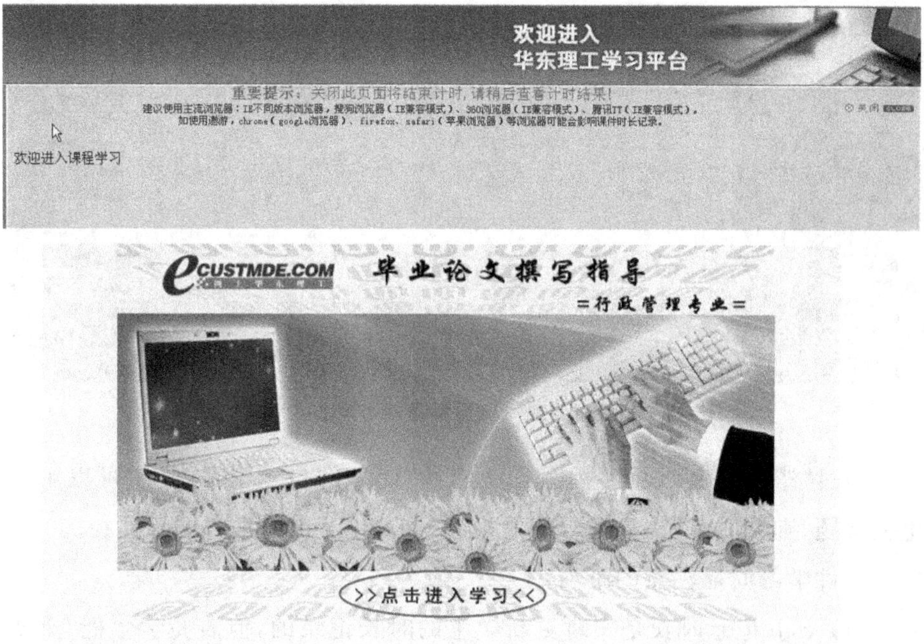

图 10－26　进入课程学习

课件的学习时长是否达到规定的学习时长,为判定该课程成绩的唯一依据。学生点播课件后,系统将自动记录学生的课程学习时长。学生应在学习后次日查询平台记录,查询路径为:“学生平台”→“信息查询”→“过程考核学习记录”,见图 10-27。

学生在规定的学习时间内达到规定的学习时长,即完成了课程学习。在学院对课程进行成绩核算并发布以后,课程成绩可判为合格,取得该课程学分。学生应自主收看本专业“毕业论文(设计)撰写方法辅导”的全部内容。

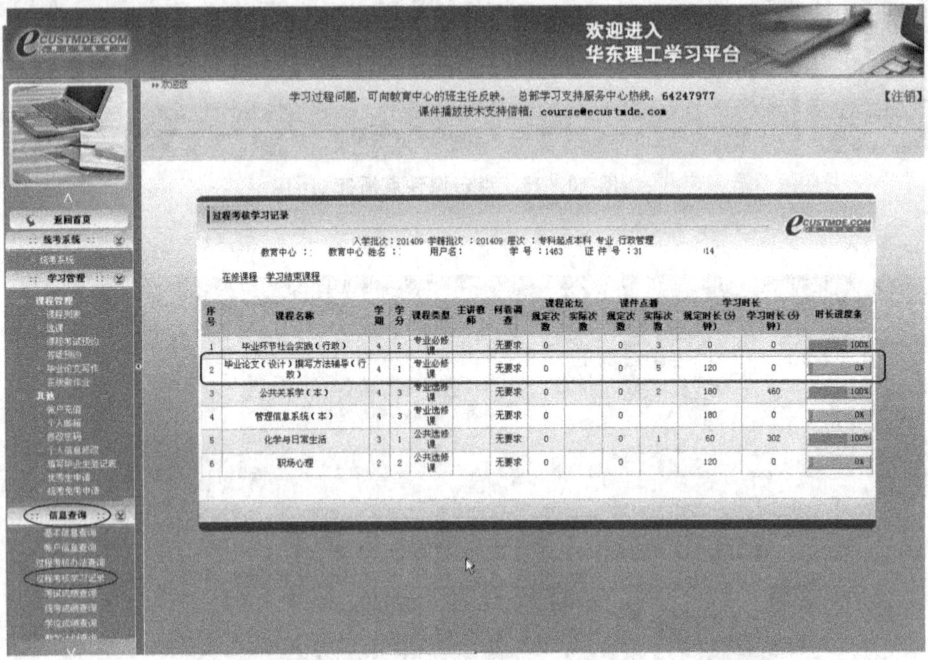

图 10-27　查看课程学习时长

通过“毕业论文(设计)撰写方法辅导”课程的自主学习,学生可以了解论文选题、查阅文献资料、撰写开题报告、撰写论文的一般方法和途径。

课件学习时需注意的事项:

(1) web 记录时长是实时更新学生的时长记录的,但需要学生把“重要提示:关闭此页面将结束计时,请稍后查看计时结果!”页面关闭后,才可以看到累计时长。

(2) 由于很多课件不是弹出形式,时长记录的页面是“重要提示:关闭此页面将结束计时,请稍后查看计时结果!",学生只要不关闭这个页面,就会正常计时。

(3) 每隔 5 分钟更新数据库时长,不足 5 分钟,学生关闭计时页面后也可累计;但如果不足 5 分钟,学生机器突然当机等意外情况发生,不足 5 分钟不累加时长。

(4) 建议使用主流浏览器:IE 不同版本浏览器、搜狗浏览器(IE 兼容模式)、360 浏览器(IE 兼容模式)、腾讯 TT(IE 兼容模式)。如使用遨游、chrome(google 浏览器)、firefox、safari(苹果浏览器)等浏览器可能会影响课件时长记录。

(5) web 无法记录时长可能的原因:

① 网络故障,造成数据包丢失;

② 浏览器问题,尽量选用 Internet Explorer,不是 IE 的浏览器则选用其兼容模式;

③ 个人电脑的系统问题;

④ 关闭"重要提示页面"。

2. 毕业环节社会实践

"毕业环节社会实践"课程,一般由学生个人联系符合专业要求的实践单位进行实践活动,所在教育中心开具实践证明与有关单位接洽。教育中心安排指导教师,对学生社会实践的全过程进行指导,按课程教学大纲的要求评定成绩。课程成绩合格,则取得该课程学分。

通过毕业环节社会实践,旨在检验该专业学生在校综合学习的效果,考查学生分析问题和解决问题的能力,包括调查研究的能力、业务操作的能力、写作能力、公关能力、应用现代化办公设施及信息处理的能力等,为撰写毕业论文收集资料。

各专业具体的社会实践要求、实践报告要求可查阅课程教学大纲,实践报告的格式参见模板。学生完成的实践报告提交教育中心。

毕业环节社会实践大纲和实践报告格式模板可到学院网站主页上"学习园地"→"本科毕业环节"→"毕业环节相关文件"→"毕业环节社会实践大纲和实践报告模板"下载,见图 10-28。

图 10-28 社会实践大纲下载位置

10.2.2 毕业论文(设计)

在规定时间内完成论文先修课学习，是申请毕业论文(设计)写作的必要条件。

毕业论文(设计)每年开出两个论文批次。如 201601 论文批次，意为学生正式开始论文写作的时间，以指导教师平台下达任务书为标志。

毕业论文(设计)分两种模式："总部模式"和"中心模式"，学生在平台申请论文时须做选择。学生选择的论文模式，经教育中心审核通过后，不得更改。

"总部模式"的论文成绩有四档：优、良、及格、不及格；"中心模式"的论文成绩只有两档：合格、不合格。有学位申请意愿的学生必须选择"总部模式"，其他学生一般应选择"中心模式"。

1. 论文(设计)申请

毕业论文(设计)的课程安排在第 5 学期。在第 4 学期下半学期开通平台，接受学生的毕业论文(设计)申请，申请时间一般为每年的 6 月、12 月上旬。学生通过“学习平台”的“课程管理”→“毕业论文写作”，进入论文平台，如图 10-29 所示。点击“毕业论文(设计)申请”，进入论文(设计)申请流程。

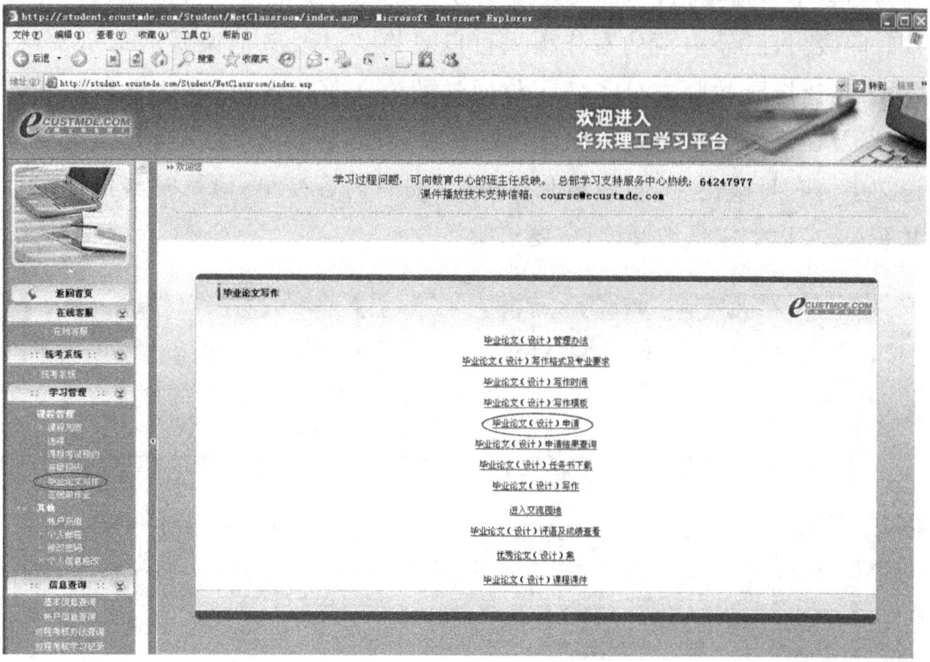

图 10-29　学生论文平台界面

学生在点击“毕业论文(设计)申请”时，平台出现提示页面，见图 10-30，要求申请者认真阅读《毕业论文(设计)管理办法》《毕业论文(设计)写作要求》(具体的写作格式可参照“毕业论文(设计)写作模板”)，详细了解毕业论文(设计)写作时间节点和各项要求，慎重做出是否申请本批次论文写作的选择。一旦申请，则必须严格按要求、流程、时间进行论文写作。

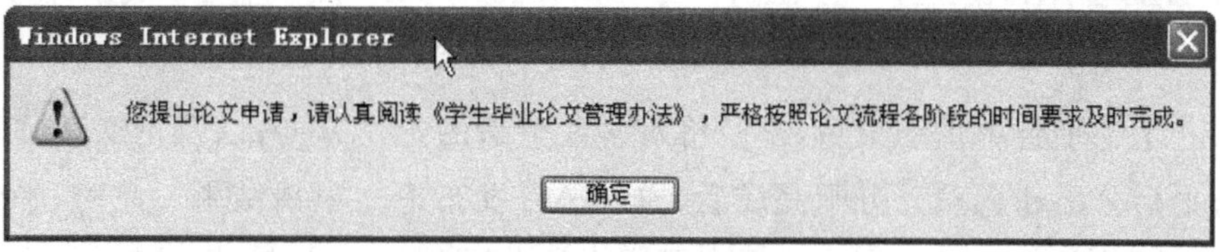

图 10-30　论文申请提示

学生决定申请进入毕业论文(设计)环节后，需要在图 10-31 所示“论文申请”界面完成论文方向的选择、填写自拟论文题目、填写论文写作情况表、选择论文模式。

论文申请界面有关于论文模式的红色说明文字:“在申请时间内,可以选择中心模式或总部模式,两种评定标准和成绩类型不同,中心模式成绩分为合格与不合格两档,总部模式成绩分为优、良、及格与不及格四档。在申请时间段内,已经申请的写作模式可以更换。”以及其他说明的提示文字:“……为让指导教师充分了解每位同学的论文写作情况,下达合理的任务书,以及在论文写作期间能保证沟通联系顺畅,请填写‘论文写作情况表’。论文申请时间截止后,此表不允许修改,如有内容变更,请及时与指导老师联系……”学生应仔细阅读,按要求操作。

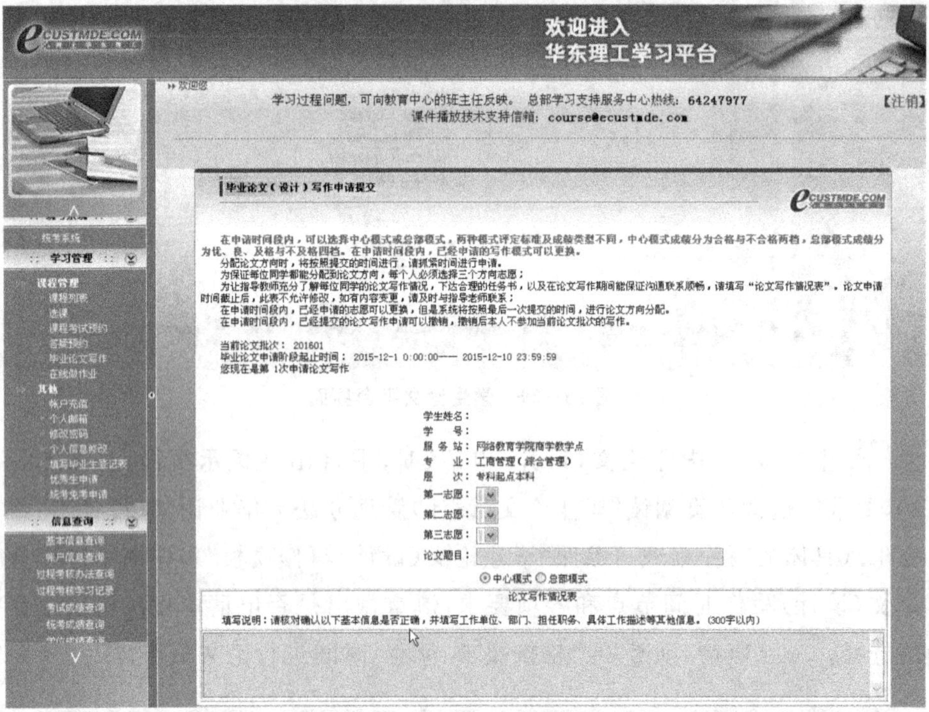
欢迎进入
华东理工学习平台
学习过程问题,可向教育中心的班主任反映。 总部学习支持服务中心热线:64247977
课件播放技术支持信箱:course@ecustmde.com
【注销】
毕业论文(设计)写作申请提交
在申请时间段内,可以选择中心模式或总部模式,两种模式评定标准及成绩类型不同,中心模式成绩分为合格与不合格两档,总部模式成绩分为优、良、及格与不及格四档。在申请时间段内,已经申请的写作模式可以更换。
分配论文方向时,将按照提交的时间进行,请抓紧时间进行申请。
为保证每位同学都能分配到论文方向,每个人必须选择三个方向志愿;
为让指导教师充分了解每位同学的论文写作情况,下达合理的任务书,以及在论文写作期间能保证沟通联系顺畅,请填写“论文写作情况表”。论文申请时间截止后,此表不允许修改,如有内容变更,请及时与指导老师联系;
在申请时间段内,已经申请的志愿可以更换,但是系统将按照最后一次提交的时间,进行论文方向分配。
在申请时间段内,已经提交的论文写作申请可以撤销,撤销后本人不参加当前论文批次的写作。
当前论文批次: 201601
毕业论文申请阶段起止时间: 2015-12-1 0:00:00—— 2015-12-10 23:59:59
您现在是第 1次申请论文写作
学生姓名:
学 号:
服 务 站: 网络教育学院商学教学点
专 业: 工商管理(综合管理)
层 次: 专科起点本科
第一志愿:
第二志愿:
第三志愿:
论文题目:
中心模式 总部模式
论文写作情况表
填写说明:请核对确认以下基本信息是否正确,并填写工作单位、部门、担任职务、具体工作描述等其他信息。(300字以内)
统考系统
学习管理
课程管理
课程列表
选课
课程考试预约
答疑预约
毕业论文写作
在线做作业
其他
帐户充值
个人邮箱
修改密码
个人信息修改
填写毕业生登记表
优秀生申请
统考免考申请
信息查询
基本信息查询
帐户信息查询
过程考核办法查询
过程考核学习记录
考试成绩查询
统考成绩查询

图 10-31 论文申请界面

学生平台申请结束后,学院将对学生申请的论文方向,以及论文教师进行平台分配和调整。分配完成后,通过平台发布论文申请结果。此时,平台交流园地开通。学生在论文平台可查询所分配的论文方向、指导教师,进入交流园地与指导教师交流,见图 10-32、10-33。

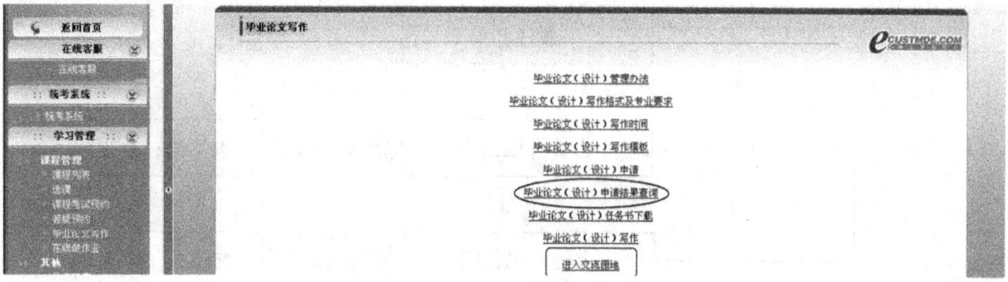

图 10－32　论文申请结果查询

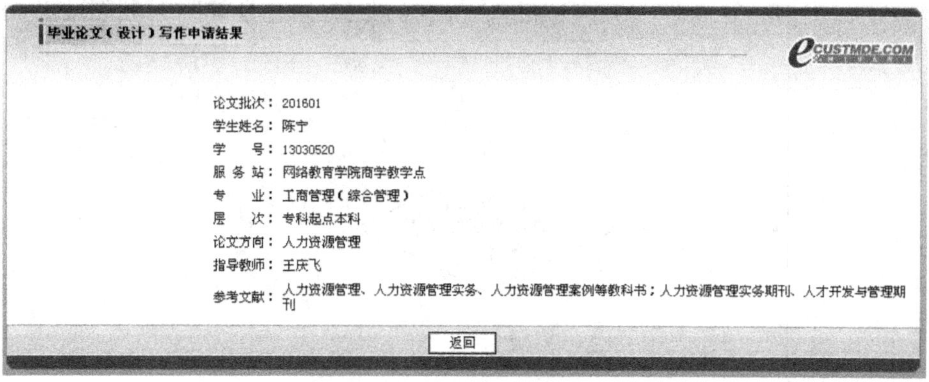

图 10－33　论文申请结果

2. 论文(设计)平台流程

学生毕业论文(设计)的平台流程,如图 10－34 所示。

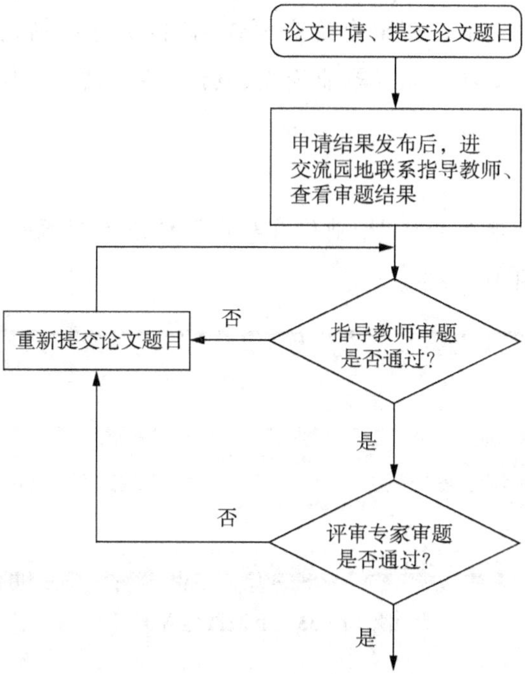

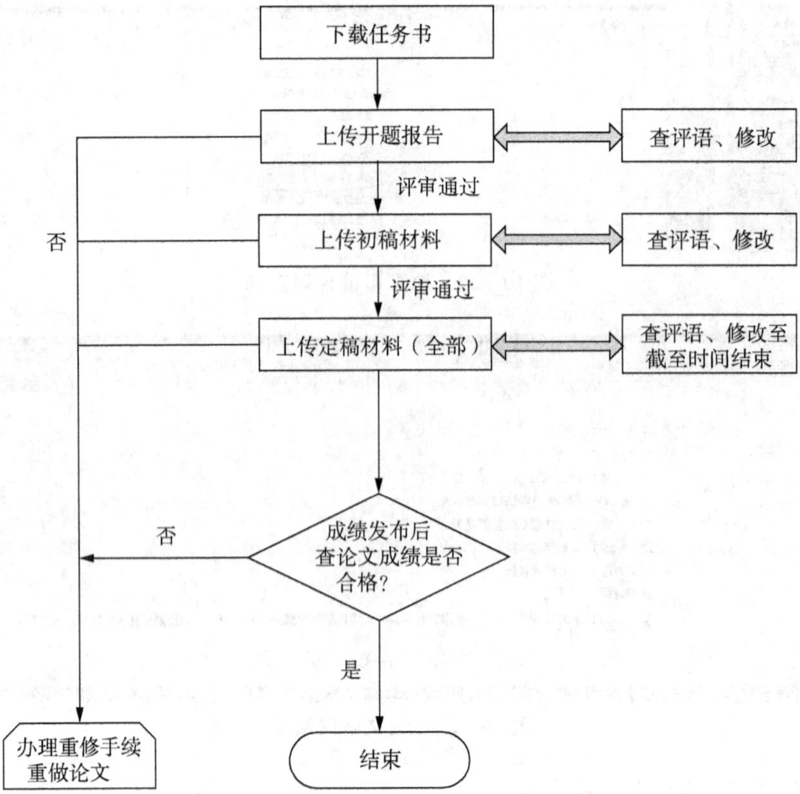

图 10－34　毕业论文(设计)的平台流程

需要提醒的是,学生在整个论文写作期间,要有计划、合理地安排好自己的工作和学习,按规定完成毕业论文(设计)各阶段的工作,按要求上传各阶段的材料。

3. 交流园地

如图 10－32,学生点击“毕业论文写作”→“进入交流园地”,即可进入交流园地页面,见图 10－35。

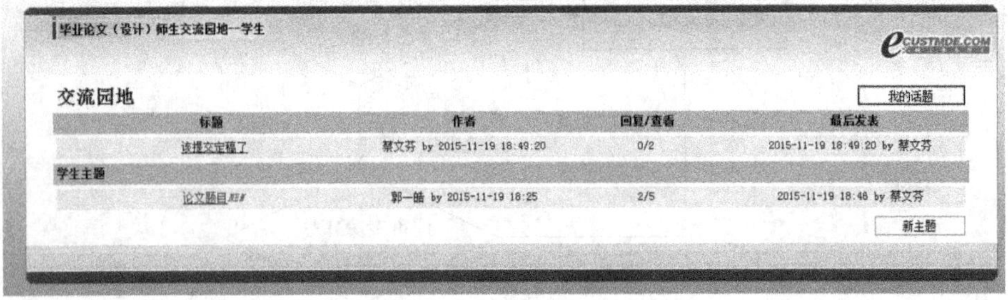

图 10－35　交流园地界面

点击“我的话题”按钮，可进入如图 10－36 页面，查询已发表的帖子。

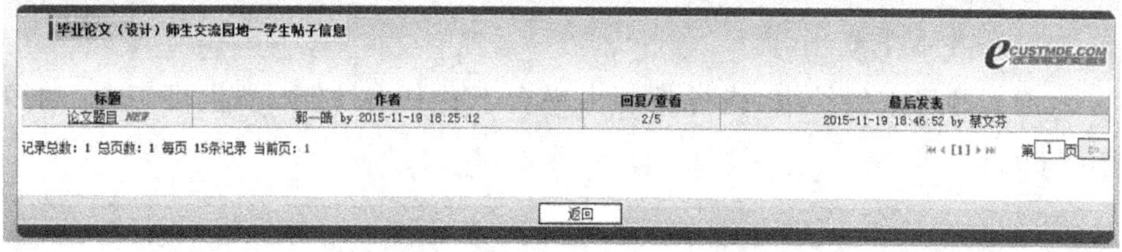

图 10－36　查询发表的帖子

点击“标题”列链接，可进入回复页面，如图 10－37 所示。

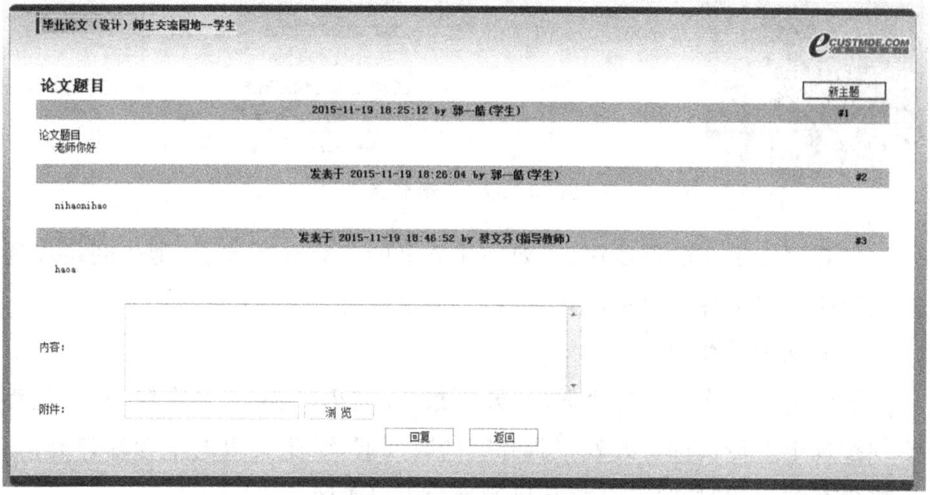

图 10－37　回复发帖界面

学生可在该页面发表内容，上传附件，点击“回复”按钮进行回复。

在交流园地页面，点击“新主题”链接可以发表新主题，见图 10－38。

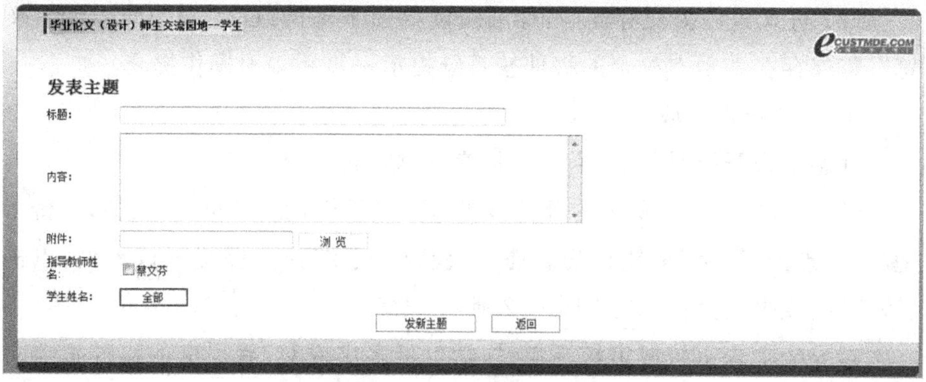

图 10－38　发表新主题帖界面

学生可在该页面发表新主题,输入标题、内容、上传附件,并勾选要发送的教师姓名复选框,点击“发新主题”按钮进行发表。

4. 任务书下载

论文题目审核结束,指导教师由平台下达任务书后,学生可下载,如图10-39。

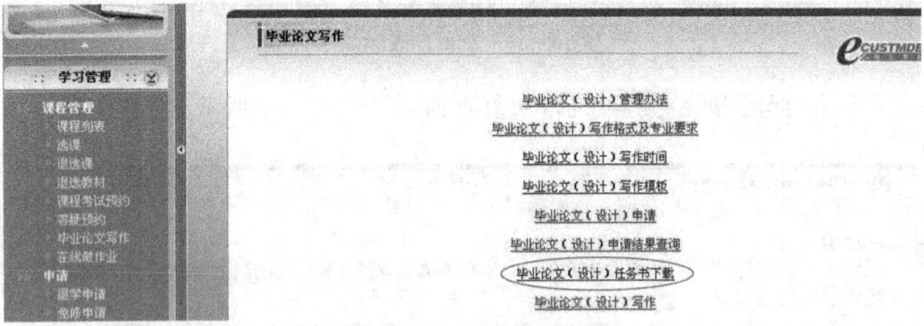

图 10-39　下载任务书

随着论文工作的逐步深入,如果任务书的内容有所改变,师生间可以通过交流园地或邮件予以更新,学生在上传定稿时,一并打包上传。

5. 论文材料提交

学生论文写作分为三个阶段:开题报告、初稿、定稿。每个阶段,学生都必须按规定上传稿件。开题报告开始的时间起,学生交稿的平台窗口开启;定稿提交截止的时间后,学生交稿的平台窗口关闭。

每个阶段稿件上传的操作方法如下:

(1) 学生通过“学习平台”→“课程管理”→“毕业论文写作”,点击“毕业论文(设计)写作”,见图10-40。

(2) 进入稿件提交界面后,仔细阅读界面下部的红字“说明”。点击“浏览”,将保存在学生本机上的稿件按系统提示一步一步地操作提交。

① 开题报告阶段

开题报告开始时间起,学生可提交开题报告。

学生在图10-41所示的开题报告提交页面中,点击“浏览”按钮,上传本地稿件,点击“提交”按钮提交。提交成功后,系统弹出提交确认界面,点击“确定”完成提交操作,如图10-42所示。

指导老师未审核或审核不通过,学生可多次提交,后提交的稿件覆盖之前提交的稿件。指导教师尚未评阅的稿件,在论文题目后以红色字母

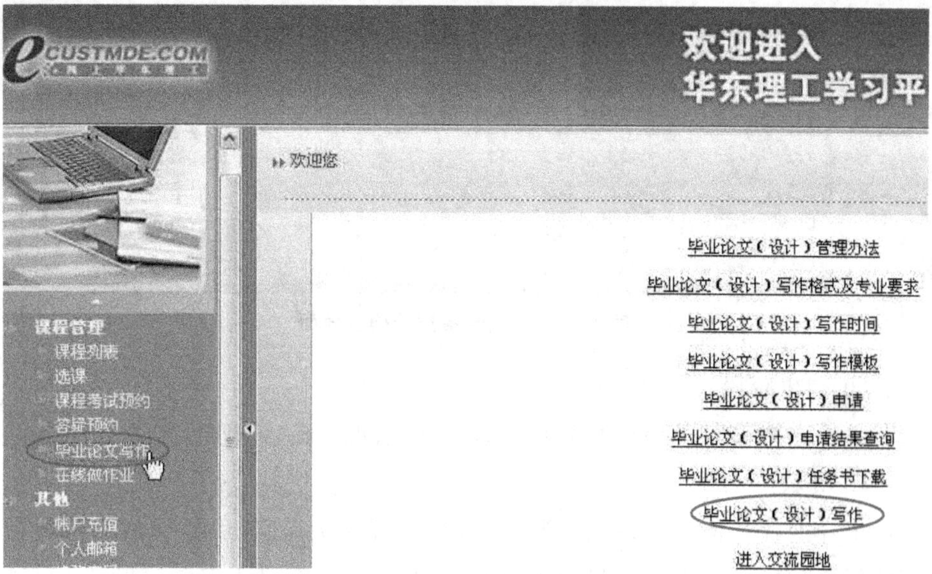
CUSTMDE.COM
欢迎进入
华东理工学习平
欢迎您
毕业论文（设计）管理办法
毕业论文（设计）写作格式及专业要求
毕业论文（设计）写作时间
毕业论文（设计）写作模板
毕业论文（设计）申请
毕业论文（设计）申请结果查询
毕业论文（设计）任务书下载
毕业论文（设计）写作
进入交流园地
课程管理
课程列表
选课
课程考试预约
答疑预约
毕业论文写作
在线做作业
其他
帐户充值
个人邮箱

图 10-40　论文提交路径

“NEW”标识。学生开题报告平台提交成功后，指导教师即可进行评审。如指导教师审核不通过，学生必须修改后重新提交，指导教师再审，学生提交及指导教师审核的次数不限。审核通过后不允许再次提交，直接进入初稿阶段。

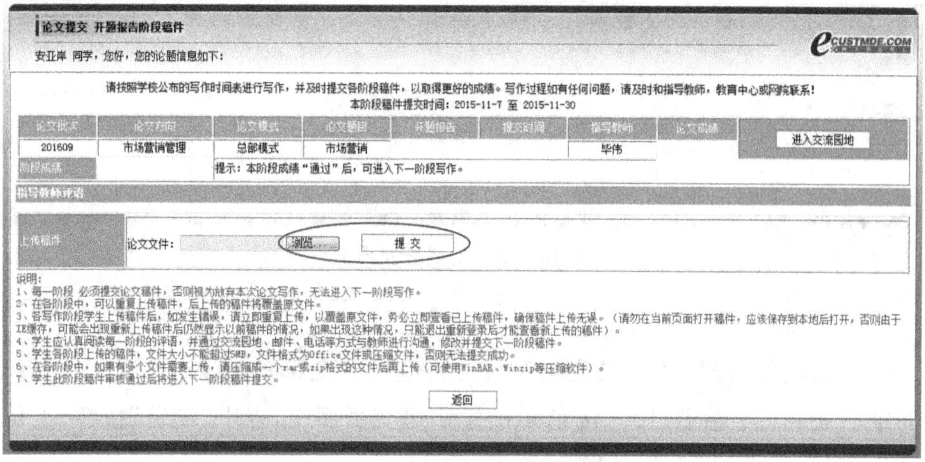
论文提交 开题报告阶段稿件
安亚岸 同学，您好，您的论题信息如下：
CUSTMDE.COM
请按照学校公布的写作时间表进行写作，并及时提交各阶段稿件，以取得更好的成绩。写作过程如有任何问题，请及时和指导教师，教育中心或网院联系！
本阶段稿件提交时间：2015-11-7 至 2015-11-30
201609
市场营销管理
总部模式
市场营销
毕伟
进入交流园地
提示：本阶段成绩“通过”后，可进入下一阶段写作。
论文文件：
浏览...
提 交
说明：
1、每一阶段 必须提交论文稿件，否则视为放弃本次论文写作，无法进入下一阶段写作。
2、在各阶段中，可以重复上传稿件，后上传的稿件将覆盖原文件。
3、各写作阶段学生上传稿件后，如发生错误，请立即重复上传，以覆盖原文件，务必立即查看已上传稿件，确保稿件上传无误。（请勿在当前页面打开稿件，应该保存到本地后打开，否则由于IE缓存，可能会出现重新上传稿件后仍然显示以前稿件的情况，如果出现这种情况，只能退出重新登录后才能查看新上传的稿件）。
4、学生应认真阅读每一阶段的评语，并通过交流园地、邮件、电话等方式与教师进行沟通，修改并提交下一阶段稿件。
5、学生各阶段上传的稿件，文件大小不能超过5MB，文件格式为Office文件或压缩文件，否则无法提交成功。
6、在各阶段中，如果有多个文件需要上传，请压缩成一个rar或zip格式的文件后再上传（可使用WinRAR、Winzip等压缩软件）。
7、学生此阶段稿件审核通过后将进入下一阶段稿件提交。
返回

图 10-41　开题报告提交界面

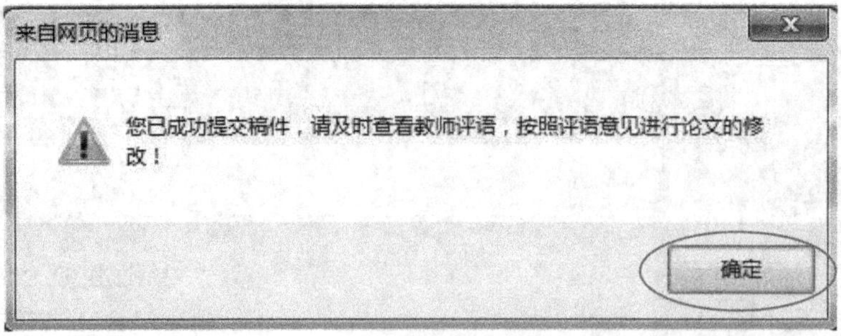
来自网页的消息
您已成功提交稿件，请及时查看教师评语，按照评语意见进行论文的修改！
确定

图 10-42 稿件提交的确认界面

② 初稿阶段

学生在初稿阶段提交材料的要求与开题报告阶段相同，提交界面如图 10-43 所示。

指导老师未审核或审核不通过时，学生可多次提交，后提交的稿件覆盖之前提交的稿件。审核通过后不允许再次提交，直接进入定稿阶段。

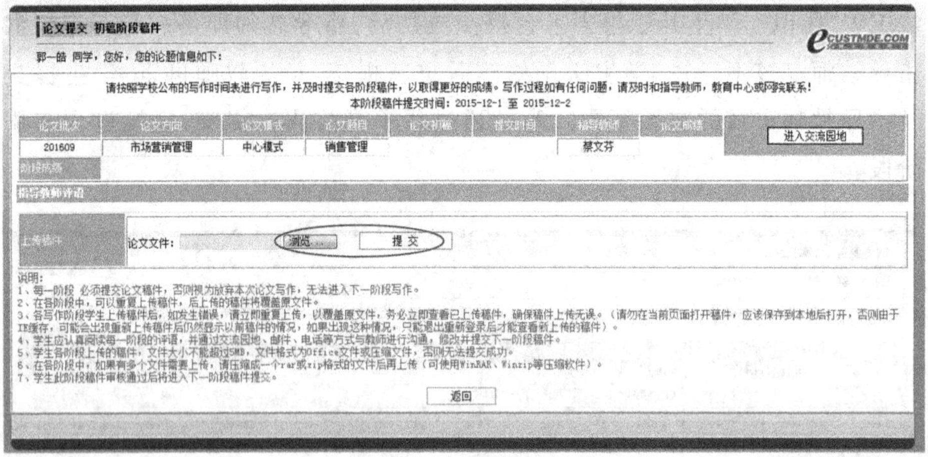
论文提交 初稿阶段稿件
郭一皓 同学，您好，您的论题信息如下：
请按照学校公布的写作时间表进行写作，并及时提交各阶段稿件，以取得更好的成绩。写作过程如有任何问题，请及时和指导教师，教育中心或网院联系！
本阶段稿件提交时间：2015-12-1 至 2015-12-2
201609
市场营销管理
中心模式
销售管理
禁文芬
进入交流园地
论文文件：
浏览...
提 交
说明：
1、每一阶段 必须提交论文稿件，否则视为放弃本次论文写作，无法进入下一阶段写作。
2、在各阶段中，可以重复上传稿件，后上传的稿件将覆盖原文件。
3、各写作阶段学生上传稿件后，如发生错误，请立即重复上传，以覆盖原文件，务必立即查看已上传稿件，确保稿件上传无误。（请勿在当前页面打开稿件，应该保存到本地后打开，否则由于IE缓存，可能会出现重新上传稿件后仍然显示以前稿件的情况，如果出现这种情况，只能退出重新登录后才能查看新上传的稿件）。
4、学生应认真阅读每一阶段的评语，并通过交流园地、邮件、电话等方式与教师进行沟通，修改并提交下一阶段稿件。
5、学生各阶段上传的稿件，文件大小不能超过5MB，文件格式为Office文件或压缩文件，否则无法提交成功。
6、在各阶段中，如果有多个文件需要上传，请压缩成一个rar或zip格式的文件后再上传（可使用WinRAR、Winzip等压缩软件）。
7、学生此阶段稿件审核通过后将进入下一阶段稿件提交。
返回

图 10-43 初稿提交界面

③ 定稿阶段

进入定稿阶段，学生提交的定稿材料应包含全部的论文文件，平台操作与前阶段相同。在图 10-44 所示的定稿提交页面中，点击“浏览”按钮，上传本地稿件，点击“提交”按钮提交。

学生定稿提交后，指导教师即可进行评审并给出论文成绩。在定稿截止时间前，如指导教师审核不通过，学生必须及时修改后重新提交，指导教师再审，学生提交及指导教师审核的次数不限。

与前面阶段不同的是，定稿审核通过的学生也可以修改材料后再次提交，指导教师可以再次评审与评分。在定稿截止时间前，学生提交与指导教师评审的次数不限。

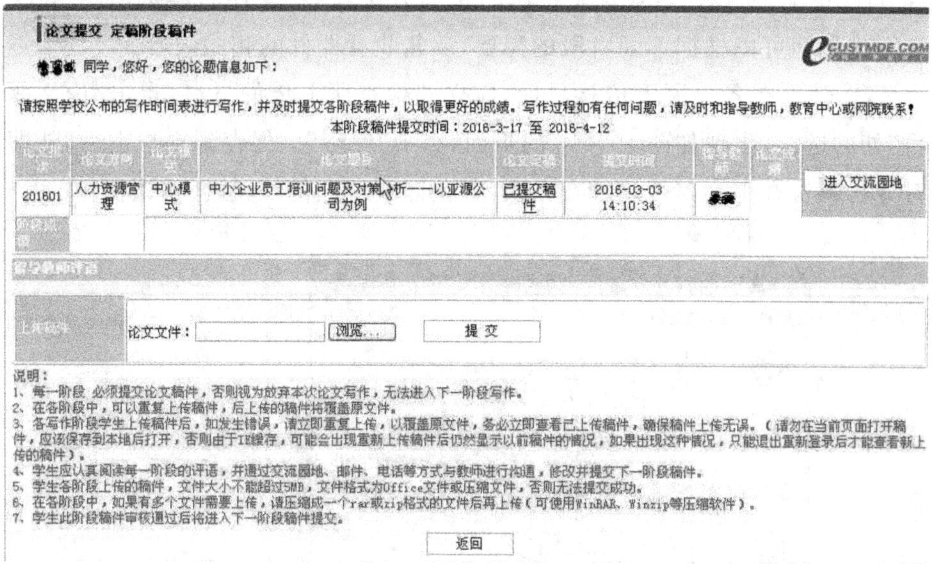
论文提交 定稿阶段稿件
同学，您好，您的论题信息如下：
请按照学校公布的写作时间表进行写作，并及时提交各阶段稿件，以取得更好的成绩。写作过程如有任何问题，请及时和指导教师，教育中心或网院联系！
本阶段稿件提交时间：2016-3-17 至 2016-4-12
201601
人力资源管理
中心模式
中小企业员工培训问题及对策
析——以亚源公司为例
已提交稿件
2016-03-03 14:10:34
进入交流园地
论文文件：
浏览...
提 交
说明：
1、每一阶段 必须提交论文稿件，否则视为放弃本次论文写作，无法进入下一阶段写作。
2、在各阶段中，可以重复上传稿件，后上传的稿件将覆盖原文件。
3、各写作阶段学生上传稿件后，如发生错误，请立即重复上传，以覆盖原文件，务必立即查看已上传稿件，确保稿件上传无误。（请勿在当前页面打开稿件，应该保存到本地后打开，否则由于IE缓存，可能会出现重新上传稿件后仍然显示以前稿件的情况，如果出现这种情况，只能退出重新登录后才能查看新上传的稿件）。
4、学生应认真阅读每一阶段的评语，并通过交流园地、邮件、电话等方式与教师进行沟通，修改并提交下一阶段稿件。
5、学生各阶段上传的稿件，文件大小不能超过5MB，文件格式为Office文件或压缩文件，否则无法提交成功。
6、在各阶段中，如果有多个文件需要上传，请压缩成一个rar或zip格式的文件后再上传（可使用WinRAR、Winzip等压缩软件）。
7、学生此阶段稿件审核通过后将进入下一阶段稿件提交。
返回

图 10-44 定稿提交界面

学生完成定稿后，可以结束论文(设计)工作。提交定稿材料时，为保证材料提交的完整、准确，平台页面会弹出二次确认提示，见图 10-45。学生确认所提交的文件完整、正确后，点击“确定”，完成定稿提交；如准备提交的定稿材料不符合提示要求，点击“取消”，按要求整理定稿材料后重新提交。

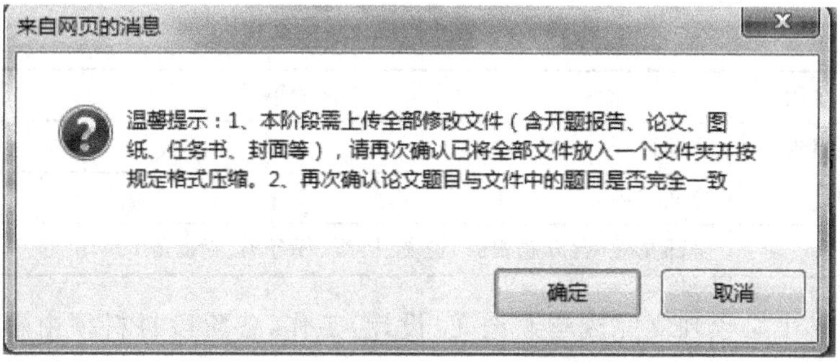
来自网页的消息
温馨提示：1、本阶段需上传全部修改文件（含开题报告、论文、图纸、任务书、封面等），请再次确认已将全部文件放入一个文件夹并按规定格式压缩。2、再次确认论文题目与文件中的题目是否完全一致
确定
取消

图 10-45 定稿阶段提交文件的确认

定稿截止时间后，学生交稿的平台窗口关闭，学生论文工作结束。

(3) 注意事项。

① 学生应根据课题任务，主动与指导教师联系，接受指导教师的指导，查阅文献资料，撰写开题报告；在开题报告的基础上，进行论文写作，并按要求不断地修改完善。论文写作过程中，学生应始终与指导教师保持联系。

② 论文平台有“毕业论文(设计)撰写方法辅导”课件的链接，学生在论文写作期间可以根据不同阶段的需要，反复收看课件的相关内容。

③ 学生在各阶段上传材料后，应立即检查所上传的材料：点击“论文题目”处的链接，出现如图 10－46 的页面，点击“保存”。保存到本机上后，随即打开材料检查正确与否。若有错误，应立即重新上传，以替换错误稿件。

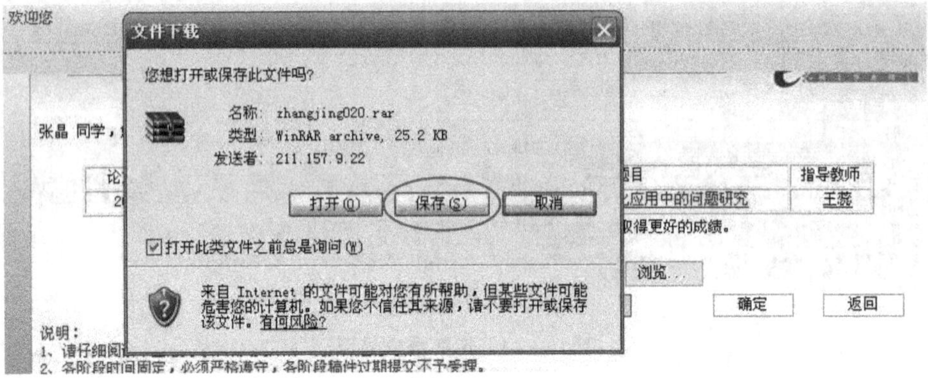

图 10－46　检查提交的材料

④ 在各阶段中，学生应了解并确认需要上传的文件清单，定稿阶段有多个文件需要上传，务必将所有文件放在一个文件夹中，压缩该文件夹上传平台，压缩文件格式要求见平台说明。各阶段应上传的文件清单参见表 10－1。

表 10－1　各阶段应上传的文件

论文阶段	文件清单
开题报告	开题报告
初稿	论文初稿
定稿	全部文件(含开题报告、论文、图纸、任务书、封面等)

⑤ 学生必须独立完成毕业论文(设计)工作，各阶段材料须由学生本人按要求上传平台。不得抄袭他人的论文或文章，不得拷贝、抄袭他人的图纸。如有此情况，一经发现，论文成绩则判为不合格。

6. 教师评语查阅

学生提交材料后，应及时告知指导教师。一般情况下，材料提交一周后，学生可查看到教师的评审结果，见图 10－47、图 10－48。学生务必及时查阅教师评语，并按要求修改材料。

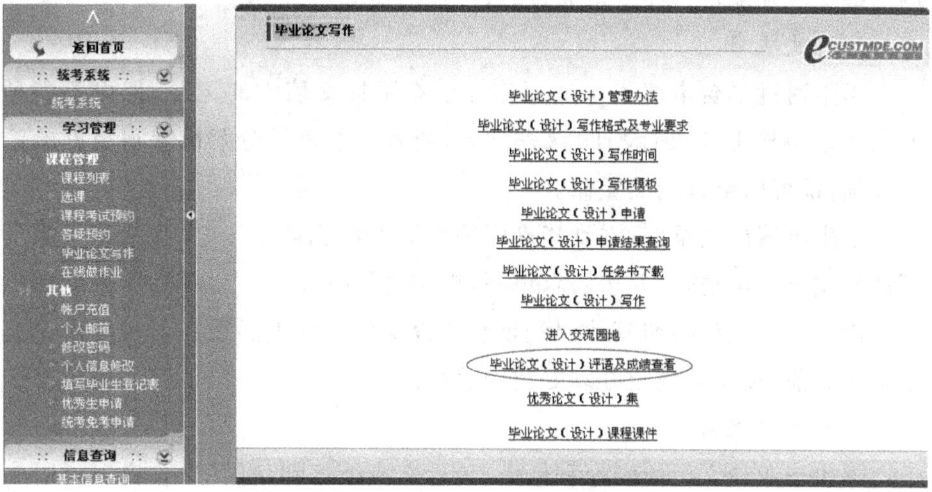

图 10－47　查阅教师评语路径

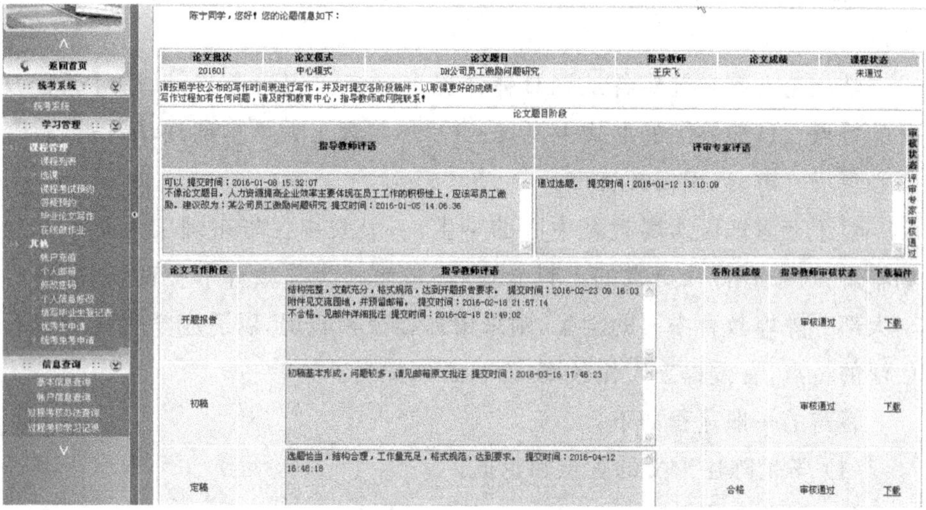

图 10－48　查阅教师评语

7. 论文附加分

华东理工大学网络教育学院根据在职业余学习学生的特点，鼓励学生结合本职工作积极参与技术革新、科学发明、学术研究。对学生在读期间取得的学术成果（含发表的论文、著作、专利等），设置了附加分项计入毕业论文（设计）总成绩（详见“毕业论文（设计）管理办法”）。

满足附加分条件的学生,应在定稿完成后,将符合加分条件的材料提交至教育中心。教育中心负责对材料进行初审,并于定稿截止时间以后的一周内提交学院复审。经复审通过后,可酌情加分。

8. 论文重修

学生通过平台申请了论文写作并已有了提交稿件的记录,但由于各种原因未取得毕业论文(设计)课程学分,或者已取得学分意欲获得更好的论文成绩,都可以申请论文重修。

学生申请论文重修,需到华理网院主页"学习园地"→"常用表格下载",下载论文重修申请表,并按要求填写,提交教育中心。

论文重修流程参照其他课程重修流程操作。学生必须在下一批次论文申请时间前,按相关规定办理好重修手续。

9. 学位论文答辩

学生毕业论文(设计)课程修完,且论文成绩达到良以上(含良),可以参加学位论文答辩。学位论文答辩每年开设两个答辩批次。符合答辩条件的学生,如有学位申请的意向,应在取得论文学分后,即参加当批次学位论文答辩。

学位论文答辩针对各地区具体情况采用多样化的形式,以适应远程教育的特点。目前答辩的形式主要有三种:华东理工大学本部现场答辩、教育中心现场答辩、远程视频答辩。

对于上海地区所属教育中心的学生,一般安排在华东理工大学本部现场答辩;对于有特殊要求的工科专业,答辩教师亲临教育中心现场答辩;对于大部分外埠教育中心的学生,则采用远程视频答辩,以适应学生地域分布广泛的特点,有效提高工作效率,而且方便学生。

答辩的一般流程如下:

(1) 学生陈述论文的观点和论据;

(2) 答辩老师提问;

(3) 学生回答老师的提问。

学生在参加答辩时必须带好自己的有效证件,在安排的答辩时间前30分钟到达指定答辩地点;在答辩前要认真做好准备,带好论文等相关材料;理工科以及计算机等相关专业的学生,应按各个专业的要求,进行成果演示或系统的操作演示。学生在规定的时间内陈述自己的论文观点,应力求做到简明扼要、思路清晰、表达流畅。

复习思考题

1. 实践教学环节包含哪些？试将你所学专业的教学计划中安排有实践环节的课程整理列表。

2. 实验实训环节采用哪几种形式？简述完成网上虚拟实验的步骤。

3. 毕业论文(设计)的先修课程有几门？如何实施？与毕业论文的关系如何？

4. 在论文写作期间，如有需要，能否再看毕业论文(设计)撰写方法辅导课件？

5. 毕业论文(设计)平台每年申请几次？申请时须选择哪些选项？填写哪些内容？

6. 论文模式有几种？有何不同？如有申请学位的意愿，应选择什么模式？

7. 论文写作分为几个阶段？是否每个阶段均必须在平台上传材料？

8. 简述毕业论文(设计)的平台流程。

9. 论文答辩有几种形式？简述答辩的一般流程。

第 11 章

学籍管理

学籍是学生身份的特征。学生从入学起，就要注意自己的学籍状况，特别是学号、学籍批次、学习年限、层次、专业等。学籍还与毕业、学位授予等条件密切相关。详细规定可参照《华东理工大学网络教育本、专科学生学籍管理规定》。

根据教育部相关规定，自 2011 年春季开始，学生可以通过教育部中国高等教育学生信息网（以下简称学信网）(www.chsi.com.cn)查询学生个人的学籍状况及毕业学历。

11.1 学籍管理有关术语

11.1.1 学号

学号是学生在学习阶段的身份符号，具有唯一性；在学生证、学生成绩汇总表、毕业生登记表、毕业证书等学籍档案中都是必要的标识。

学生经录取后，可以取得学号，学号由 8 位数字组成，首两位表示入学年份，第三位数字表示教育中心所在区域，第四位表示层次(1—高起专，3—专升本)，第五至第八位为流水号。学生在学习期间发生专业变动或教育中心变动，其学号不作变动。

在学习阶段，学生应该熟记自己的学号，因为在各类表格填写及各次考试试卷上都需要写上学号。在进行有关情况咨询时，能准确报出自己的学号，这会给老师和管理人员带来工作上的便捷。

11.1.2　入学批次与学籍批次

在学籍管理中每个学生都有入学批次和学籍批次两个参数。

入学批次是学生进入学院开始学习的年级标识，表示了学生执行专业教学计划的批次。如果学生中途休学，待其复学后，其专业教学计划不变。

学籍批次代表了学生取得正式学籍的时间。具有国民教育系列毕业证书，符合学历教育的入学资格，经入学测试合格的学生，具备正式学籍资格，其入学批次与学籍批次是一致的；少数不符合上述条件以课程进修生身份参加学习的学生，待入学资格达到相关规定后，可申请转为正式学籍，并给予符合规定的学籍批次，其学籍批次要迟于入学批次。

11.1.3　学习层次

华东理工大学高等网络学历教育分为高起专、专升本、高起本和第二学位四个层次。

就读高起专的学生必须具有国民教育系列的高中、中专、职校或技校毕业文凭，并通过相应的入学测试，才能取得高起专正式学籍。高起专学生执行专科相关专业的教学计划。

就读专升本的学生必须具有国民教育系列的大专或高职毕业文凭，并通过相应的入学测试，才能取得专升本正式学籍。专升本学生执行专升本相关专业的教学计划。

就读高起本学生必须具有国民教育系列的高中毕业文凭，并通过相应的入学测试，才能取得高起本正式学籍。高起本学生执行高起本相关专业的教学计划。

就读第二学位学生必须具有教育部认可的普通或成人高等教育本科学历文凭，免试入学，执行专升本相关专业的教学计划。

11.1.4　有效学习期限

有效学习期限是指从学生注册之日（以学籍批次为准）起计算的允许参加学习的最高年限。教学计划规定其最低学习年限为 5 年的高起本层次学生，其有效学习期限为 8 年；最低学习年限为 2.5～3 年的高起专或专升本层次学生，有效学习期限为 5 年。

无法在有效学习期限内完成学业的学生不能获得华东理工大学毕业证

书,而视其获得学分的情况给予结业或发给课程成绩单。

11.1.5 专业

学生被录取的就读专业是学生自己选择的专业,专业确定后,学生必须按照该专业教学计划中设置的课程进行学习。学生在就读期间因各种原因提出专业变动的,需按照学院相关学籍管理规定办理。

11.1.6 学籍查询

学生可通过学院学生平台查询相关学籍信息,具有正式学籍的学生,还可在学信网上查看学籍信息。操作方法如下:

1. 注册中国高等教育学生信息网(学信网)账号

打开学信网首页 www.chsi.com.cn,点击页面左上方“学籍查询”,如图 11－1 所示:

图 11－1 学信网主页

在打开的页面中点击“注册”,根据提示进行注册,如图 11－2 所示:

图 11－2　注册学信网账号

2. 查看学籍信息

注册成功后登录学信档案，可查看学籍信息：姓名、性别、出生日期、身份证号、学号、专业名称等，学籍状态为报到入学时表示的是正常在读的状态。照片下方有“毕业照片”和“录取照片”两个选项，目前与毕业相关的是“毕业照片”，该照片是学生在新华社中国图片社拍摄后，统一上传到学信网的，缺少该照片将不能毕业。

学院会在毕业前通知学生自行核对学信网信息，如有学籍信息错误需尽快与所在教育中心联系，由教育中心反映给学院学生学习支持服务中心。

11.2　毕业与学位授予

11.2.1　毕业条件

具有正式学籍（以学籍批次为准）的本科学生，在有效学习期限内修读完成专业教学计划规定的课程学分，课程成绩合格，并通过教育部规定的部分公共课全国统一考试,准予毕业,由华东理工大学颁发本科(网络教育)毕业证书。

具有正式学籍(以学籍批次为准)的专科学生,在有效学习期限内修读完成专业教学计划规定的课程学分,课程成绩合格,准予毕业,由华东理工大学颁发专科(网络教育)毕业证书。

11.2.2 毕业证书

准予毕业的学生,由华东理工大学颁发标注“网络教育”的毕业证书。毕业证书一般由下列要素组成:姓名、性别、出生年月、入学时间(取得正式学籍时间)、毕业时间、网络教育 XX 专业、学制、华东理工大学公章和钢印、校长印章、证书号和电子注册号、发证日期,以及学生本人二寸脱帽证件照。

学生取得毕业证书后,可在学信网“学历查询”中根据证书上的电子注册号查询本人学历。

11.2.3 学位申请

学士学位申请条件:

(1) 遵守国家法律法规及学校各项规章制度,学术道德规范,思想品德良好;

(2) 完成教学计划规定的课程学习内容和总学分,经审核准予毕业,获得本科毕业证书;

(3) 专业教学计划规定的课程和其他教学环节的成绩均达到 70 分以上(含 70 分)或课程平均成绩在 75 分以上(含 75 分),部分课程以“合格”“不合格”评定的,获得“合格”;

(4) 毕业论文成绩达到良及以上,且答辩合格;

(5) 学位英语考试合格或免考申请通过。

符合学位申请条件的学生可以提出学位正式申请,填写《华东理工大学网络教育学院学士学位申请表》。

学位英语的报考条件:

(1) 取得正式学籍;

(2) 通过大学英语(3)(本)和大学英语(4)(本)课程考试;

(3) 已有课程考试成绩平均分需达到 75 分及以上;

(4) 在读期间(不含毕业当季)限报考两次。

申请免考学位英语者应满足以下条件之一:毕业前作为“在校生”的,须参加由本校集体组织报名的全国大学英语四级考试(CET-4),且成绩达到上海市学位办公布的可授予成人高等教育学士学位的英语水平最低线；专升本毕业生凭其在大专期间取得的大学英语四级考试成绩申请学士学位的，必须是毕业前作为“在校生”，参加的是专科毕业学校集体组织报名的全国大学英语四级考试且成绩已达到当年报考大学英语六级的要求。

大学英语四、六级考试成绩合格证书等，从证书打印落款日期至学校正式受理学士学位申请日期为止，四年内有效。

根据有关规定，学生的学位申请必须在毕业当季规定时间内提出，毕业后提出的学位申请不予受理。

11.2.4 学位审核

对于提出学位申请的学生，必须参加学校组织的学位(毕业)论文答辩。学位(毕业)论文答辩不合格的学生，不能进入学位审核程序。

学校授权校教务处对申请者就读专业的教学计划、教学大纲等进行审查，并对申请者各方面表现进行审核，确定学生的学士学位申请资格后报送所在专业的学院学位评定委员会审核是否授其学位。对于毕业当季仍未达到学位英语合格要求者或学位课程未通过者，不再授予学士学位。

11.2.5 学位授予

华东理工大学学位评定委员会授权校教务处依据国家、上海市和学校学位授予工作有关规定，对其中符合学位授予条件者颁发成人教育学士学位证书，名单报送国家教育部和上海市教育委员会有关部门备案。

学位证书由华东理工大学自行设计、印制颁发。

11.3 如何办理学籍变动和退学

11.3.1 如何办理转专业

学生提出转专业的申请一般应在开学前夕或开学初期，并且仅限于入学后一年内办理。转专业仅限于同一大类专业(即至少前两位专业代码相同)，如果是跨大类转专业，需转至下一学籍批次，即推迟学籍，并且由于专业变动会影响学生的开课，如果申请较迟，将直接影响到学习及毕业，所以学生在提出转专业申请时必须慎重考虑。专业变动的具体办理程序如下：

(1) 学生自行在学院网站主页“学习园地”中的“常用表格下载”内下载

《学生转专业申请表》(图 11－3)，填妥相关信息及申请理由；

(2) 本人签字后，提交给学生所属教育中心；

(3) 中心核准签字后，将申请表提交到学院学生学习支持服务中心，同时教育中心在管理平台上进行该生的转专业申请操作；

(4) 学院在收到符合规定的申请表后审核办理。

华东理工大学网络教育学院

学生转专业申请表

表格编号：05/QR-750-06　　　　序号：

________教育中心 ________级学生

<table>
<tr><td>姓名</td><td></td><td>学号</td><td></td><td>身份证号</td><td></td><td>层次</td><td></td><td>专业</td><td></td></tr>
<tr><td colspan="2">联系电话</td><td colspan="3"></td><td colspan="2">申请转入的新专业</td><td colspan="3"></td></tr>
<tr><td colspan="2">转专业原因</td><td colspan="8">申请人（签字）：
年 月 日</td></tr>
<tr><td colspan="2">教育中心意见</td><td colspan="8">已选学分：______学分，已取得学分：______学分。
课程列表如下：
（教育中心盖章）负责人（签字）：
年 月 日
（平台是否已提交申请 □是 □否）</td></tr>
<tr><td colspan="2">网络教育学院审批意见</td><td colspan="8">签字（盖章）
年 月 日</td></tr>
</table>

注：1. 申请人在所属教育中心领取此表或在本院主页下载此表，须认真填写，由所属教育中心将此表寄到网院学生学习支持服务中心，并在管理平台中提出申请。
2. 此表一式两份，一份网院留存，一份教育中心留存。

图 11－3　学生转专业申请表样张

提示：办理专业变动可能需要补交一定的学习费用。例如，专升本行政管理专业的学生，因工作岗位变动，在第二学期初提出转工商管理专业的申请，经核对两专业第一学期开课情况，其中原行政管理专业的行政管理学(4 学分)课程在新专业中是不需要的，那么，该生转专业的话，就要补交 4 个学分的学费以补足多学的一门课程学费。

我院现开设的专业名称及代码表见表 11－1。

表 11－1 开设课程的专业名称及代码表

序号	本科专业名称	专业代码	序号	专科专业名称	专业代码
1	国际经济与贸易	020102	1	应用化工技术	530201
2	金融学	020104	2	药物制剂技术	530305
3	法学	030101	3	生物技术及应用	530101
4	社会工作	030302	4	建筑工程管理	560501
5	信息与计算科学	070102	5	机械制造与自动化	580102
6	机械设计制造及其自动化	080301	6	机电一体化技术	580201
7	过程装备与控制工程	080304	7	电气自动化技术	580202
8	电气工程及其自动化	080601	8	生产过程自动化技术	580203
9	自动化	080602	9	计算机应用技术	590101
10	计算机科学与技术	080605	10	计算机信息管理	590106
11	化学工程与工艺	081101	11	安全技术管理	600303
19	生物工程	081801	12	会计	620203
12	药学	100801	13	经济信息管理	620302
13	工程管理	110104	14	国际经济与贸易	620303
14	工商管理	110201	15	市场营销(医药营销)	620401
15	会计学	110203	16	工商企业管理	620501
16	物流管理	110210	17	物流管理	620505
17	行政管理	110301	18	药学	630301
18	劳动与社会保障	110303	19	行政管理	650203
			20	劳动与社会保障	650205
			21	艺术设计	670101
			22	广告设计与制作	670112

11.3.2 如何办理转教育中心

当学生因工作单位或居住地变更对学习产生影响时，可以提出转教育中心申请。在提出申请前学生应该先与转入中心联系，了解转入中心是否有适合的学习层次和专业，是否愿意接收。通常考试预约开始日以后不再接受教育中心变动。教育中心变动的具体办理程序如下：

(1) 学生自行在学院网站主页“学习园地”中的“常用表格下载”内下载《学生转教育中心申请表》(图 11－4)，填妥相关信息及申请理由；

(2) 本人签字后，提交给所在教育中心；

(3) 中心核准签字后，将申请表提交到学院学生学习支持服务中心，同时教育中心在管理平台上进行该生的转教育中心申请操作；

(4) 网院在收到申请表后审核办理。

华东理工大学网络教育学院

学生转教育中心申请表

表格编号：05/QR-750-05　　　　序号：

________教育中心________级学生

<table>
<tr><td>姓名</td><td></td><td>学号</td><td></td><td>层次</td><td></td><td>专业</td><td></td></tr>
<tr><td>联系电话</td><td></td><td>身份证号</td><td colspan="5"></td></tr>
<tr><td colspan="2">申请转入教育中心</td><td colspan="3"></td><td>专业</td><td colspan="2"></td></tr>
<tr><td colspan="2">申请原因</td><td colspan="6">申请人（签字）：　年　月　日</td></tr>
<tr><td colspan="2">原教育中心意见</td><td colspan="3">学费标准：￥____元/学分
已交学费：￥____元
已修（选）课程　____门
已修（选）学分：　____学分
已用学费共　____元</td><td colspan="3">（教育中心盖章）负责人签字：
年　月　日
（平台是否已提交申请
□是　□否）</td></tr>
<tr><td colspan="2">网络教育学院审批意见</td><td colspan="6">签字（盖章）
年　月　日</td></tr>
<tr><td colspan="2" rowspan="7">网院财务部意见</td><td>项目</td><td colspan="2">转出教育中心应退（补）数</td><td colspan="2">转入教育中心应缴数</td><td>合计应缴数</td></tr>
<tr><td>学费</td><td colspan="2"></td><td colspan="2"></td><td></td></tr>
<tr><td>教材</td><td colspan="2"></td><td colspan="2"></td><td></td></tr>
<tr><td></td><td colspan="2"></td><td colspan="2"></td><td></td></tr>
<tr><td>其他</td><td colspan="2"></td><td colspan="2"></td><td></td></tr>
<tr><td>合计</td><td colspan="2"></td><td colspan="2"></td><td></td></tr>
<tr><td colspan="6">注："合计应缴数"=转入教育中心应缴数—转出教育中心应退（补）数</td></tr>
</table>

注：1. 申请人在所属教育中心领取此表或在本院主页下载此表，须认真填写，教育中心签字盖章后，由教育中心将此表送到网院学生学习支持服务中心，并在管理平台中提出申请。

2. 此表一式三份，一份网院留存，一份网院财务留存，一份教育中心留存。

图 11-4　学生转教育中心申请表样张

11.3.3　如何办理退学申请

学生由于自身原因要求退学，由本人填写《学生退学申请表》(图 11-5)，经教育中心初审后，由教育中心在管理平台中提交退学申请。退费计算基准日以此平台申请提交日为依据。教育中心于一周内将《学生退学申请表》、学费发票一并报送学院学生学习支持服务中心，经学院批准后于一周内办理退学相关手续。

经学院批准退学的学生，学费及教材费按下述规定予以执行：

（1）预报到未正式注册的学生，在交费后，于开学之前提出退学，退还其全部学费。自购教材（含课件光盘）不退还。

（2）开学后，学院按学期开课，已缴费的学生因各种原因提出退学的，对已开设课程按春、秋两学期指定日期退剩余学费，即春季 4 月 30 日和秋季 10 月 31 日（含当日）之前办理退学者不扣除该学期学费，该日期之后办理退学者扣除该学期全部学费，剩余部分予以退还。自购教材（含课件光盘）不退还。

华东理工大学网络教育学院

学生退学申请表

表格编号：05/QR-750-04　　　　**序号：**

________教育中心______级学生

姓名		学号		层次		专业	
联系电话		身份证号					

退学原因	申请人（签字）：　　年　　月　　日	
教育中心意见	学费标准：¥______元/学分　　已交学费：¥________元 已修（选）学分：_____学分　　应扣学费：¥________元 本学期已选学分：_____学分 本学期已修读时间：_____月（一学期按四个月计） 本学期应扣学费：¥__________元 共用学费：¥___________元	（教育中心盖章） 负责人（签字）： 年　月　日 （平台是否已提交申请 □是　　□否）
网络教育学院审批意见	签字（盖章） 年　月　日	
财务部意见	见下表	

项目	学费	教材费	手续费	其他	合计	审核签字	备注
已缴费用							
已用费用							
应退(扣)学生费用							
退(进)费账户							
合计（大写）							

退费时间：__________年__________月__________日

注：1. 申请人在所属教育中心领取此表或在本院主页下载此表，确认真填写，教育中心签字盖章后，由教育中心将此表、申请书、学费发票一并交到网院学生学习支持服务中心，经网院审批后办理相关手续。

2. 退费按月计算，春季计 4～7 月，秋季计 10～来年 1 月，不足一月按一月计算。

3. 此表一式两份，一份网院留存，一份教育中心留存。

图 11－5　学生退学申请表样张

11.3.4 如何办理休学申请

学生由于身体、工作等原因不能正常进行学习的,学生本人可以提出休学申请。按学籍管理规定,休学最长时间不超过一年,休学时间按学期计算,并计入有效学习期限。休学期间将关闭学生学习平台。办理休学手续的具体程序如下:

(1) 学生自行在学院网站主页"学习园地"中的"常用表格下载"内下载《学生休学申请表》(图 11-6),填妥相关信息及申请理由;

(2) 本人签字后,提交给所在教育中心;

(3) 中心核准签字后,将申请表提交到学院学生学习支持服务中心,同时教育中心在管理平台上进行休学申请操作;

(4) 网院在收到申请表后审核办理。

11.3.5 如何办理复学申请

已经办理休学的学生,须在休学期满前一个月按规定向所在教育中心提交复学申请,提出复学的学生应补缴拖欠的学费,学院批准复学后,将按学生的入学批次补开应开的课程。学生应该在教育中心班主任老师的指导下,制定切实可行的学习计划。办理复学手续的具体程序如下:

(1) 学生自行在学院网站主页"学习园地"中的"常用表格下载"内下载《学生复学申请表》(图 11-7),填妥相关信息及申请理由;

(2) 本人签字后,提交给所在教育中心;

(3) 中心核准签字后,将申请表提交到学院学生学习支持服务中心,同时教育中心在管理平台上进行该生的复学申请操作;

(4) 网院在收到申请表后审核办理。

华东理工大学网络教育学院

学生休学申请表

表格编号：05/QR-750-07 **序号：**

________教育中心________级学生

姓名		学号		层次		专业	
联系电话		身份证号					
休学原因	申请人（签字）： 年 月 日						
休学时段	20 年 月 至 20 年 月						
教育中心意见	（教育中心盖章）负责人（签字）： 年 月 日						
网络教育学院审批意见	签字（盖章） 年 月 日						

注：1. 申请人在所属教育中心领取此表或在本院主页下载此表。须认真填写，教育中心签字盖章后，由教育中心将此表传真或寄到网院学生学习支持服务中心。
2. 学生须在复学前一个月向教育中心提出复学申请。
3. 此表一式两份，一份网院留存，一份教育中心留存。

图 11-6 学生休学申请表样张

华东理工大学网络教育学院

学生复学申请表

表格编号：05/QR-750-08 **序号：**

________教育中心_______级学生

编号：

姓名		学号		层次		专业	
联系电话		身份证号					
原休学时段	20　　年　　月　至　20　　年　　月						
复学时间							
学费缴交情况							
教育中心意见	（教育中心盖章）负责人（签字）：　　　年　　月　　日 （平台是否已提交申请　　□是　　□否）						
网络教育学院审批意见	签字（盖章） 年　　月　　日						
备注							

注：1. 申请人在所属教育中心领取此表或在本院主页下载此表，须认真填写，教育中心签字盖章后，由教育中心将此表传真或寄到网院学生学习支持服务中心。
2. 学生须在学期初向教育中心提出复学申请，复学按学期执行。
3. 此表一式两份，网院、中心各留一份。

图 11－7　学生复学申请表样张

复习思考题

1. 学号由几位数字组成？第四位数字表示什么含义？

2. 入学批次和学籍批次有何区别？

3. 高起专和专升本层次的有效学习年限是几年？

4. 不能在有效学习年限完成学业的学生能否毕业？

5. 本科毕业生申请学位有哪些条件？

6. 什么条件可以申请免考学位英语？

7. 符合学位授予条件的网络教育本科毕业生，发给何种类型的学位证书？

8. 学生提出退学申请后，如何退费？

第 12 章

走向成功之路

与一般的全日制学校教育不同，基于网络和计算机多媒体技术的现代远程教育的教与学在时间和空间上相对分离，学生的自主学习取代了传统的课堂教学。由于缺乏群体的学习氛围和教师直接的指导，它对学生的学习主动性和能力提出了很高的要求，更强调个人学习策略和资源的利用能力（包括求助他人和合作）以及自我评价能力的养成。本章旨在为接受远程教育的学生提供一些有助于提高学习效率的方法和建议，以帮助开始进入网络远程学习的学生尽快适应这种新的教学模式，顺利完成学业，在成才之路上获得成功。

12.1　认真制订学习计划

参加现代远程教育学习一般都是业余的，学生大部分在职工作，原有的基础各异，学习动机、学习能力以及年龄、职业、家庭等情况也有所不同，因此学习者可以有自己的学习风格，自己的学习进度。目前，华东理工大学网络教育实行的是弹性学制，高起专和专升本两种层次的学习年限均是 2.5 年至 5 年。学校专业教学计划中规定的课程，通常按最低学习年限安排课程进程表。学生不必按照同一个教学计划的安排、以同样的进度完成学业，而要根据自身的条件，制订符合自己实际的个人学习计划。

一个综合考虑各种主客观条件、精心设计的个人学习计划，是参加远程教育学习、取得学业成功的重要因素之一。

12.1.1　学习计划的分类

学习计划分为专业学习计划和课程学习计划两类。

专业学习计划是宏观层面上的，包括完成专业学习需修读的课程、完成专业学习需要使用的时间、每学期修读的课程等。

课程学习计划是微观层面上的，包括每门课程学习需使用的各种学习资源与学习手段、每周的学习时间安排、各种资源（教材、网络课件、光盘资料等）学习时间分配、学习进度、面授辅导时间、学习地点、复习安排等。

12.1.2　制订学习计划的方法

1. 专业学习计划的制订步骤

(1) 确定完成专业学习需要修读的课程

首先应认真阅读专业教学计划，明确必须修读的课程和选修课的学分数。根据专业教学计划规定，公共基础课、专业基础课、专业必修课（含实践环节）、专业选修课（方向限选课）是必须要修读的；公共选修课在提供的可选范围内，选择两门（通识类、讲座类各选一门）。对照学籍管理有关规定，看看自己是否符合课程免修、代修的有关条件。

必须指出，同一专业不同批次的专业教学计划可能有所变化，学生执行本批次的专业教学计划。按本批次的专业教学计划选课，也按本批次的专业教学计划要求进入毕业审核。

(2) 确定完成专业学习需要的时间

学生应考虑自己的实际情况和需要，根据上一步骤所列出的需修读课程门数、各门课程学习需要的时间，以及学生本人可以用来学习的时间，综合起来确定自己完成专业学习需要的时间。可以采用按最低学习年限安排的专业教学计划进程表，作为自己完成专业学习需要的时间；也可以在规定的 5 年学习有效期内完成学业。

每门课程需要的学习时间是因人而异的。根据一般经验，可以这样估算：

一门课程的学习时间 ＝ 1.5×（该门课程的学分数×18 小时）

其中包括学习文字和音像教材、做网上作业、阶段练习、实验、上辅导课、复习考试等。

按上述估算方法，一门 1 学分的课程，需要花 27 小时来学习。按每学期 18 周计算，要获得 1 学分，每周需要安排 1.5 小时用于学习。

以专起本层次、用最低学习年限 2.5 年完成专业学习为例：总学分为 84，扣除最后一个学期毕业论文 10 学分，前 4 个学期如果平均分配，每学期需完成 18.5 学分,则应该保证每周 28 小时左右的学习时间。

2. 课程学习计划制订

每门课程都有教学大纲,制订课程学习计划前必须认真阅读课程教学大纲,了解课程学习内容与教学要求、教学进度、教学形式、考核方式等内容。在制订课程学习计划中,同样应该考虑自己的学习基础、工作和家庭情况、学习时间和条件、学习资源的选择等因素,要结合自己的实际情况安排每周的学习时间、学习内容。有计划地学习,必须保证学习时间,提高学习的质量与效率。

12.2 养成良好的学习习惯

参加远程学习的学生,需要培养自主学习能力,尽快形成适合自己的学习方式和良好的学习习惯。

12.2.1 严格按计划学习

学生制订的学习计划不是给别人看的,更不是用来装饰门面的,而是指导自己学习行为的准则。计划一旦制订,就要严格执行,不要轻易让其他事情打乱原定的安排。计划执行一段时间后,一定要检查计划内的学习任务是否完成,没有完成计划的原因是什么……通过检查,立即采取相应措施,调整补充计划或排除干扰计划执行的因素等。

12.2.2 掌握学习策略

1. 学会做学习笔记

俗话说,好记性不如赖笔头。为提高学习效果,无论点播课件、收看卫星直播课程,还是阅读其他学习资料时,都应该认真做好笔记。这看似简单的策略,使用得当有事半功倍的作用。从信息加工心理学角度分析,做笔记有两个功能:一是做笔记的过程就是对从视觉、听觉得到的信息进行编码、加工,最后输出到笔记本的过程,它有助于加深理解和记忆。二是笔记本起到信息外部存储器作用,存储量大,便于提取和对信息作进一步加工,它对以后的考前复习特别有帮助。

2. 看书时作好评注

伟人毛泽东有“不动笔墨不看书”的习惯,他看书爱加批注,打记号。以致有时借别人的书看了也加批注，最后不好意思地向原书的主人道歉。正是这个好习惯帮助他获取了渊博的知识，达到了一般人读书达不到的效果。同样大家在阅读教材时，也应该把需要重点掌握和记忆的内容做上标记，把自己对某个观点的理解和体会及时写在书侧边空白处，这对再次阅读时提高效率很有好处。在考前复习或遇到某些课程开卷考试时，也可以避免手忙脚乱在书上找不到内容所在。

3. 经常复习学过的内容

根据现代认知（信息加工）理论，信息在感觉器官中暂时登记，然后转换为可以辨认的模式，进入短时记忆。短时记忆中储存的信息保持时间相对短暂，如果没有复述，保持时间少于 20 秒。因此，你想长久地、牢固地记住有关概念、原理和公式，最好的办法就是复述，即对学习过的内容进行多次重复学习，这对外语及其他一些记忆要求较高的课程尤为重要。

12.2.3 经常查阅工具书和资料

工具书和资料是不会说话的老师，在学习中，会使用工具书和资料好处很多。除了一般的字典、词典之外，各门学科都有专门的工具书。学生可以选购几本工具书放在书架上，经常查阅。

在信息社会中，互联网是获取学习资料的主渠道，也是学习者不可缺少的工具。在互联网上查找资料的策略，大致分为三类。

(1) 通过搜索引擎查找资料。比较著名的专业搜索引擎有：百度(http://www.baidu.com)、谷歌(http://www.google.com)、雅虎(http://www.yahoo.com)、搜狐(http://www.sohu.com)等。

用这一途径查找信息，主要通过搜索关键字来实现。例如，要查找远程教育方面的信息，就可以在搜索引擎中输入“远程教育”关键字。然后选择搜寻信息的类别（新闻、网页、图片、网站），最后选择查找方式（搜索、高级搜索等）。搜索出的结果会有很多条与远程教育相关的信息。如果要缩小查找目标，可以用多个关键词同时满足搜索，例如输入“远程教育”+“成人”，则查找到的信息会集中到成人远程教育方面。

(2) 在结构化的数据库查询资料。利用搜索引擎查找到的主要是互联网上的公共信息，有时不能满足需要。例如，要查找某刊物上的某篇文章，利用前面方法一般是查不到的。这时就要到结构化数据库中查询，这一般是有偿服务。通常专业化的结构数据库都具有很方便的搜索功能，如按关键字搜索、按刊物名称搜索、按作者名搜索、组合搜索等；同时还可以选择搜索范围，如时间范围、专业领域、国内国外等。

(3) 站内搜索。当搜索资源只限于某一网站时，有两种方法。一是利用站内搜索引擎，一些较大的网站都提供站内搜索的功能，如新浪网、TOM网等。二是当前页搜索，利用IE浏览器的“编辑”菜单中的“查找”功能，可以查找当前页的信息。

12.2.4 善于请教和交流

对于参加远程学习的学生来说，在学习过程中遇到一些自己难以解决的问题和困难是难免的。学生应该积极、主动地寻求帮助，可以向老师请教，也可以向同学请教。学习，最忌讳一知半解、浅尝辄止，必须养成认真钻研、务求甚解的习惯。学院开设的课程论坛和在线答疑系统为师生、生生之间讨论和交流学习上的问题提供了很好的平台。当然无论是向老师请教还是与同学进行交流，所提的问题应该是自己通过努力没有解决的。提问要讲质量，翻翻书、看看课件就能解决的，最好自己解决。有些疑难问题，如果自己有尝试性答案，带着答案去请教，收获会更大。

除了学术上的问题外，在教学安排、教务管理、资源技术等方面出现各种问题时，也应及时联系当地教育中心或拨打学院的学习支持服务热线电话，联系老师以取得帮助。重视与老师、同学的交流和沟通，将极大地促进你的学习。

12.3 合理有效地利用时间

参加远程教育的学生，大部分是在职业余学习。在繁重的工作压力下，大家有一个共同的感觉就是学习时间紧。以完成高起专或专升本的最低学习年限2.5年计算，要按时地完成学业，每周应保证28小时左右的学习时间，相当于3个半工作日。因此学会有效地利用时间是远程学习成功的重要因素之一。

12.3.1 专时专用、讲究使用效率

教育家蔡元培在《我的读书经验》一文中讲道：“唯有专心致志，把心力集中在学问上，才能事半功倍。”宋代著名学者朱熹也曾对他的学生说：“余

尝谓读书有三到：心到、眼到、口到。”朱熹的所谓心到和蔡元培讲的心力集中，都是讲注意力问题。一个人在读书时，如果注意力高度集中，书的内容居于他的意识中心，兴奋区域高度兴奋，它就会抑制各种外界干扰。反之，读书时注意力不集中，书的内容只居于他的意识边缘，他的学习效果肯定不好。因此，在学习时使自己的注意力高度集中，是实现事半功倍，提高时间利用率，使自己学有所长的一个重要办法。有些学生，学习时拖拖沓沓，看书、做作业心不在焉，一会儿听听音乐，一会儿看看报纸，看似时间耗得很多，效率却非常低。究其原因就是没有形成专时专用、讲究效率的习惯。这既要明白道理，更需要认真训练。

12.3.2　见缝插针，巧用时间边角料

宋代大诗人苏东坡有诗曰：“竹中一滴曹溪水，涨起西江十八滩”。这里的水是指水珠，一颗颗看似很小不起眼，集中起来，可以变成溪流，汇成江河。时间也是同样，要成为时间的主人，就得从“点滴”两字着眼。在职人员缺乏大块的学习时间，但日常生活和工作中却有许多小块的闲暇时间，如不加以利用，则在不经意中悄悄地流失了。如果把方方面面的零星时间都利用起来，也是相当可观的时间资源。例如，在上下班的路途中、工休时间、会议的间隙、饭后之余等都可以用于各种材料的学习，根据场合不同或背背英语单词，或复习几个知识点。长期坚持下来，必有成效。

12.3.3　着力挤压，增加时间容量

现代时间管理理论认为，平均供给每个人每天的时间是一个常量，它如同装在口袋里的钱币一样，用一个少一个，用一天少一天。但从支配和控制有限度的时间资源来说，每个人实际得到的时间是一个变量，因人、因时、因地而异，善用则多，妄用则少。挤时间就是遵循时间是变量的原则，不断充实时间的容量，寻求更多的可供自己支配的纯时间。发明家爱迪生由于每天工作十几小时，比一般的人工作时间长得多，相当于延长了生命，所以当他 79 岁时，宣称自己已经是 135 岁的人了。这说明只要善于挤时间，便能充实时间的容量。一些参加远程学习的学生常感叹“工作忙，没时间”，尤其是人到中年，事业家务，百事相扰。但是不是已忙到挤不出一点时间了呢？如果静下来反思，答案是否定的。你每天玩游戏、上网闲聊的时间能否减少点？看电视的时间能否省下点？周末那场精彩的球赛能否不看了？总之，

有所得,有所失。只要你下定决心对时间去挤、去挖,你的业余学习时间就会源源不断地增多。

12.4　正确对待作业和考试

在远程学习中,由于工学矛盾突出,许多学生觉得作业与考试是很大的负担,在一定程度上影响了学习信心和学习质量。因此必须对它要有一个比较正确的认识。

12.4.1　独立按时完成作业

远程学习不同于传统的课堂教学,由于师生间缺乏经常性的面对面交流,衡量教与学效果的重要手段就是在线测试和书面作业。通过做作业,学生可以了解自己对所学课程的掌握程度,加深对学习内容的认识;教师可以及时了解教学上存在的问题,对教学设计进行适当调整。因此,学生必须独立自主地完成作业,以免反映不真实的情况。在完成作业时要注意以下几点:

(1) 答题前,先要认真审题,了解题目要求。

(2) 对不会解答的题目,要认真复习后再做,复习后仍不会做的,要联系老师取得帮助或与同学进行讨论,搞懂了再做,切忌胡乱拼凑应付,更不能抄袭了事。

(3) 要配合课程学习进度按时完成作业并在截止期限前提交,否则将影响过程考核成绩。

(4) 无论是在线作业还是阶段练习,批改后,都要花一定时间认真分析,对照公布的正确答案,找出不足和原因,避免在考试时出现类似的错误。

12.4.2　重视考试前的复习

考试是对学生总体学习效果的一次检验,要取得好的成绩既取决于平时学习的努力,也有赖于考试前的认真复习。因此重视考前复习,合理安排好时间和方法也是很重要的。

(1) 为了有效地安排好考前复习,可以制订一个复习时间表,时段一般在考前3－4周。先上网查一下本次考试一共有几门课,顺序如何,考试形式如何。参照课程《考试大纲》考虑有哪些内容要复习,哪些掌握得好,哪些是薄弱点，估计要花多少时间，怎样进行分配。有了周密安排，复习效率就会提高。

(2) 科学地考虑复习顺序，一般先复习难点、重点，后复习一般内容；先复习理解性内容，后复习记忆性内容。大块时间用于复习难点、重点，零碎时间用于记忆内容。如果平时学习认真，笔记做得很详细，重点要点很清楚，就没有必要从头翻看教材和课件。一般考试题目与作业会有一定关联度，因此平时做的作业也要仔细复习，做错的地方要认真订正，务求彻底搞懂来龙去脉。常听到有同学反映考试题目太难，与平时作业没有一点关联度。原因就在于把做过的题目完全背下来，不知其所以然，结果同一类题目换一个参数或变换一种形式就不会做了。

(3) 要注意劳逸结合，保养身体。考前复习一定要把握好节奏，不要平时不学，考前两天拼命学，搞得废寝忘食、身心疲惫。不但复习效率不高，考试时状态也大受影响。

12.4.3　以平和的心态参加考试

要在考试中发挥较好水平，考试前做好充分准备，调整好心态；考试中放松情绪，掌握技巧是十分重要的。下面这些建议有助于你发挥最佳水平：

(1) 了解清楚考试的有关事项和要求。包括考试时间、考试地点、考试科目、考试形式。

(2) 准备好需要带到考场的物品，包括证件(身份证、学生证、准考证)、水笔、铅笔、橡皮、直尺、绘图工具、计算机、手表。如果是开卷考试，还可带上教材、笔记本。

(3) 考试前一晚保证充分睡眠，考试当日提前 15～30 分钟到达考场，消除紧张状态，以平和心态投入考试。

(4) 拿到试卷后，先填上姓名、学号、座位号等卷头内容。

(5) 浏览一遍所有试题，估计一下各个题目难易程度，按照先易后难原则，选择你最有把握的题目进行答题，不必拘泥题目顺序。

(6) 仔细审核题目，了解解题要求，对似曾相识的题目，不要贸然答题，一定要看清再做；认真完成每一道题目，不要求快；遇到难题一时无法解答，不必坚持，可先完成后面题目，之后再返回解答；有些题目虽然无法做完全，尽你能力予以解答，可能会得到部分分数。

(7) 做完全部题目后，留出一定时间进行检查，切忌匆忙交卷。这有助于发现某些疏忽的错误,或对某道原来未做的题目有了解题思路。

(8) 考完交卷后,无论考得好坏,不去想它,集中精力准备下一门课程考试,千万不要由于前一门课考得不理想而轻易放弃后面课程的考试。

12.4.4 诚实守信,树立良好考风

诚信是什么?从道德范畴来讲,就是要诚实、诚恳、守信、有信,反对隐瞒欺诈、反对伪劣假冒、反对弄虚作假。人的道德涉及做人、做事、做学问等诸多方面。因此在如何对待考试问题上,同样能考验人的诚信意识。

考试的目的是了解学习者对某门课程知识的掌握程度,让你知道还有哪些地方还需要努力,有助于今后更好地去学习。如果一次考试没考好,天也塌不下来。因此学生在考试中一定要保持良好的心态,即使自己的成绩不理想,也不要在考试中采取不正当的竞争手段,要严格遵守考场纪律,为树立良好的考风作出积极贡献。有些学生觉得自己参加远程教育学习就是为了一纸文凭,因此把考试成绩看得更重。当目的与达到目的的途径之间发生冲突的时候,就寄希望于不正当手段。其实,当今的社会是一个竞争激烈的社会,学习的目的,除了分数、文凭之外,更重要的是为了提高自身的素质和能力,只有自觉学习知识才是真正的安身立命之本。设想一下,当一个学行政管理的毕业生因为不懂管理原理,一个学机械设计的毕业生因为不会画图读图而被单位淘汰的时候,考试作弊是显得多么的荒唐和无必要。

考试,不仅是对每位应考者专业知识的考查,同时也是对个人道德修养的考验。孟子曰:“车无辕而不行,人无信则不立。”在这个物质文明和精神文明高速发展的时代,社会各方面越来越看重个人的诚信。树道德之新风,立诚信之根本,是每个学生义不容辞的责任。只有真诚地面对自己,诚实做人、诚实做事才能获得更多的信任与尊重。因此作为一个接受远程教育的学生,切勿因小失大,为通过考试,而违背考试的真意,任由自己一时不负责任的行为而遗憾终身。

复习思考题

1. 制订一份适合自己的学习计划。

2. 你有怎样的学习习惯?试分析哪些是良好的,哪些是不良的,为什么。

3. 你的学习时间是如何安排的？试分析其合理性，并作必要的调整。

4. 平时做作业中应注意哪些问题？

5. 考试前，要做好哪些准备？

6. 什么是“诚信”？自己如何在考试中做到诚信？

参考文献

[1] 丁新,聂瑞华,卢和琰.远程学习方法和技术.广州:华南理工大学出版社,2004.

[2] 德斯蒙德·基根. 远距离教育基础.丁新,等译.北京:中央广播电视大学出版社,1996.

[3] 丁兴富.远程教育学.北京:北京师范大学出版社,2001.

[4] 陈丽.远程教育学基础.北京:高等教育出版社,2004.

[5] 王晓东,高宏卿,等.现代远程教育理论及应用.北京:科学出版社,2007.

[6] 夏宝岚,赵子正,王行恒,等.计算机应用基础.上海:华东理工大学出版社,2006.

[7] 谭浩强,张玲,潘爱先,等.计算机基础知识与基本操作.3 版.北京:清华大学出版社,2008.

[8] 全国高校网络教育考试委员会办公室组.计算机应用基础(2007 修订版).北京:清华大学出版社,2007.

[9] 黄正明.远程教育教程.北京:科学出版社,2004.